学校におけるADHD臨床

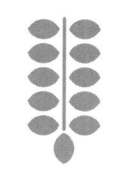

現場で援助する実務家のための工夫

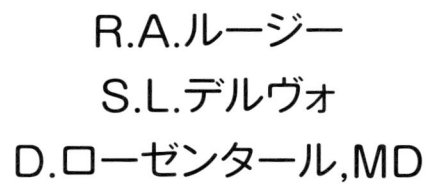

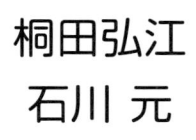

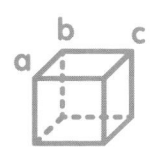

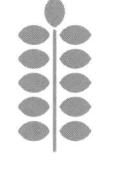

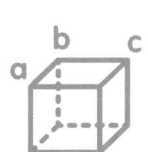

R.A.ルージー
S.L.デルヴォ
D.ローゼンタール, MD
著

桐田弘江
石川 元
訳

誠信書房

人生に格別の喜びをもたらしてくれている、
愛しき妻のリンダ、孫のブリアンナおよびニコラスへ
リチャード A. ルージー

本書をデボラ A. アッカーマンとの麗しき日々に捧げます。終生注いでくれた愛、叱咤激励、弛みない代祷により、「声なきものの声」たらんと精進する我が身に勇気と活力とを与えてくれました。その支援と鞭撻は、終生、かけがえのない贈り物であり続けることでしょう。
シルヴィア L. デルヴォ

親愛なるマーシとアレックスへ
デイビッド・ローゼンタール

The School Counselor's Guide to ADHD
:What to Know and Do to Help Your Students
by Richard A. Lougy・Silvia L. DeRuvo・David Rosenthal,MD
Copyright©2009 by Corwin
Japanese translation rights arranged with CORWIN PRESS,
a SAGE Publications Company through Japan UNI Agency, Inc., Tokyo.
Corwin Pressはアメリカ合衆国、ロンドン、ニューデリーに拠点をおく出版社です。

日本語版への序

この本の内実については、原著者の「はじめに」に縷々語られています。まず「はじめに」を繰り返し読んで下さい。ここでは、「はじめに」を解説することで、日本語版への序とします。

現場で実績をあげている実務家が、後輩のために豊かな知恵を書き残そうとします。現場では、ADHDみたいな、かもしれない、生徒からの相談を請われるままに引き受けて、知恵を絞り試行錯誤します。そして現場の知恵が積み上がってきます。しかし、対象の様態は千人千通りであり、マニュアル化には馴染みません。いくら再現性のある知恵を集めてみても、百人百通りです。統一理論などできっこありません。いろいろな症状や問題点と対応策を羅列するしかありません。それではおもちゃ箱をひっくり返したようなものとなり、著作になりません。なんとか、纏まりを付けねばなりません。

本を書くには、テーマとしている対象はどのようなものであるかを限定し輪郭を定かにせねばなりません。著者たちは已む無く、DSMを援用して定義づけを行ったりしていますが、気が進まぬ雰囲気があります。経験のスタートの時点では、ADHDみたいな、かもしれない生徒たちをも排除することなく援助サービスを行うことで、知恵を蓄積してきているのですから、この本に盛られている知恵は、ADHDの診断基準から外れる生徒たちに応用できないわけではありません。むしろ、ごく定常発達の状態にある生徒の指導に際してもヒントとなりうる知恵が含まれています。

援助サービスの方法を語る本ですから、標的となる病態を明示せねばならないのも、頭の痛い作業です。千差万別だからです。壁です。著者たちは、実体論に関わることはさらりと躱して、ごく現象面すなわち「実行機能不全」という括りでサービスの標的を定めることにしました。平たく言うと「いろんな面でうまくやれない」という定義です。いかにも実務家の自負を漂わせる定義です。

読み進むにつれて、この定義は「うまくやれない個体」を標的にするのではなく「うまくやれない現象」を標的にしていることがわかります。薬物療法についても、脳の病理を「治療する」方策としてではなく、「うまくやれない現象」を軽減するための方策と位置づけられているようです。思えば、「うまくやれる」とは、複雑系である生命体がいまひとつの複雑系である社会と折り合っている姿であり、折り合える道を探るのが援助サービスの要諦と言えます。歴史上の天才たちの多くが発達障害の傾向を備えており、優れた才能故に社会の側が折り合いをつけるべく変化したふしがあるのは、その例証でしょう。本書は、家庭や学校などの環境つまり社会の側の、折り合いへの

神田橋條治

工夫に多くのページを割いています。その提言が具体的であることも実務での実績を表わしています。

以上のような特徴をもつので、この本はADHDの援助サービスについての「統一理論」や「統一技法」を語っているものではありません。著者たちは「まえがき」で繰り返し語るように、実務家である読者が、自分の担当している生徒に対し、独自の援助サービスを工夫する際のヒントとなることを期待しているのです。

そうした内容を踏まえると、本書の活用の仕方が自ずと定まります。統一技法でないので、勉強会や講義の教科書としては不向きです。現実に一人の生徒を思い浮かべて、その生徒の役に立ちそうなところを拾い読みしてゆくのが正しいでしょう。この本の成り立ちの時点に立ち戻る形の読み方が有用であるのは当然です。

実在する「いろんな面でうまくやれていない」一人の生徒を思い浮かべることのできる読者なら、カウンセラーでも、ケースワーカーでも、家庭でも医師でも、この本から、実務の現場での援助サービスの具体的な工夫について、多彩なひらめきを得ることができます。そのひらめきはADHD診断の範囲を越えて有用です。

今ひとつ、おそらく著者たちも気づいていない最良の読者があります。それは「いろんな面でうまくやれない」との不全感を常々感じている、もう生徒ではない人々です。大学生から初老期までの広がりがあります。なぜなら、発達障害はスペクトラムであり、完璧な発達者はいないかもしれないのです。何らかの自己不全感を抱えている人であれば、この本から自分の今をこれからの、生き方への工夫について、ヒントを得ることができるはずです。

現場に立脚している著作は、深くもあり、広くもあります。訳者の労を多とします。

はじめに

本書は、スクールカウンセラーが、学校という場で注意欠如・多動性障害（ADHD）を抱える子どもと、有効に取り組む方法を見つけるのに役立つでしょう。

ADHDの子どもにほとんど、あるいはまったく関わったことのないカウンセラーにも知識を刷新しなくてはいけないカウンセラーにも、該博ではあるがこの疾患についてもっと学びたいカウンセラーにも、実践上の手引きになるよう書かれています。学校心理士や学校管理者など、ADHDの子どもに常時立ち向かっている読者も、本書の有用性をお分かりになるでしょう。ここにある情報は管理職、学校心理学、学校カウンセリングの各認定資格に取り組んでいる学生と訓練を受けている人にも価値があります。

スクールカウンセラーには本書の役割を理解いただけるでしょう。ADHDの子どもに対する各機関の治療計画は、学校を拠点とする治療に向けて調整しています。学校での特別な子どもへの対応は、外部の専門家から軽視されることがよくあります。それでも、学校だけが、ADHDの子どもを持った家族の多くが利用できる唯一の場になりうるのです。その理由は、経済上の制限があるとか、一部ではあれ、精神保健の専門家への相談に常につきまとう外聞の悪さから

外部のサイコセラピーに対して抱くその人なりの抵抗があるなどからです。民間施設でのサイコセラピーに詳しく経済力があれば、例外はあるものの、地域での支援サービスに詳しく、情報は得られますが、公共の治療計画を利用しようとする方々はその限りではありません。つまり、家計に制約のある家族の多くが、子どもがもっとうまくやっていけるよう援助しようとしてまず目を向けるのは、かかり付け医や学校だと思われます。

本書ではADHDの子どもに働きかけるうえで、実情に即し、独断に走らず、利用者に親しみやすい、いろいろな形態のアプローチを満遍なく説明するつもりです。

著者によるアプローチの特徴をいくつか挙げてみますと、①子どもに関わる介助者や専門家との情報交換を重視する、②教師・親・子どもと協働する覚悟を保ち続ける、③教師・親・子どもが挫折、失望、誤解を感じているときでさえ、希望を植え付け、能力を与えるよう前向きで、楽観視する姿勢を保ち続ける、といったことです。

ADHDの子どもは集団としては異種性であり、一般通念とは裏腹に、さまざまな点において一人ひとりが違っています。学習面でも、行動面でも、子どもへの介入は個々の必要性に合わせて調整されるべきです。したがって、ADHDを抱える子どもには一人ひとり別個の

アプローチをとる必要があり、しかも、それぞれの子どもに最も有効な手立てを、前もって知ることは不可能なのです。

教育者として読者は、虚心坦懐、柔軟な姿勢で、必要に応じて進んで流れに身を委ね、もしくは方針を変えなければなりません。また、率直になり、冒険を逡巡せず、試行錯誤によって介入の道が開かれる場合が多々あると心得ておかねばなりません。解決の鍵は、ある時点での特定の子どもに、最善の働きかけを案出することです。成功するために、スクールカウンセラーと支援スタッフに必要とされるものはさまざまな選択肢のメニューです。ADHDを抱えている誰にでも適用できる、唯一最善の治療法もしくは学習法があるわけではありません。

著者が奨励する指針があるとしたら、それはただひとつ、関わっている子どもに、教育を担当される方々が最も効き目がありそうだと想い描いている方法を取っていただくことです。料理本のようなマニュアルをお探しだとしたら、本書は不向きでしょう。著者が提供できるのは、このような特別な子どもに取り組む際に使える、参考となる示唆、指針、そして技法です。ただし、技法については、取り組まれるお子さんに合わせて、改良や修正を加える必要があります。

著者として読者に望むのは、本書を繙かれたことが励みとなって、更に自由に判断され、これこそADHDの子どもを扱う唯一無二の有効な方法だとその多くが謳っていた、過去のアプローチによる制約にとらわれずに思索されることです。

謝　辞

まず、その激務と貢献が一般に認められることの少ない、全ての教師とそれ以外の教職員（例えば、管理者、学校秘書、用務員、食堂スタッフ、その他学校にとって有用な人材）に謝意を表わします。加えて、ADHDを抱える子どもと取り組むに際して、何が最善の実践なのかについての大半をご教示いただいた、当の子どもとそのご家族に御礼を申し上げないとしたら、それこそ礼を失するでしょう。親御さんたちは、子どもを援助したいと願い、著者にこころを開いてくださいました。子どもに専門家の援助が必要であることを是認するのは、どのような親御さんであれ容易なことではありません。信用していただいたことをありがたく拝受いたします。ADHDを抱える子どものニーズのために戦うことで親御さんが担う責務は並大抵ではありません。それゆえ、信頼を寄せていただいたことは喜ばしい限りです。

著者のこの疾患への知識と理解は、専門家が探求と専心を通してもたらしたADHDへの掛け替えのない理解に加えて、これがいかに子どもの社会的発達にマイナスの影響を及ぼすかといったことを明らかにした専門家の後ろ押しに準拠しています。

最後に、この疾患に教育関係者が注目することになった当該の擁護団体、組織、専門職の方々に感謝いたします。何人もの方々が、一般に考えられているADHDについての誤った概念を払拭したいと願って、果敢にも、情け容赦なく戦わなければなりませんでした。重要なある方向性が、コーウィン【訳注　原著の出版社】によって提示されました。当方の任務を信頼していただけなかったら、双方で専門知識を共有する機会は持てないままだったと思います。先方の案内と支援を得られたからこそ、本書は上梓できたのです。

コーウィン直属の編集スタッフとりわけ、ジェシカ・アランとコディ・ボウマンのお二人による特別な指導と支持に感謝の念を禁じ得ません。お二人の専門家としての見識と支援が、この冒険に心地よい苦難を授けてくれたのです。

コーウィンでは編集にあたり吟味と助言を仰いだ、以下の査読者に謝意を表しています。

ノースカロライナ州グリーンヴィル
イーストカロライナ大学教育相談専門
教育カウンセラー
ジェゼフ・C・シェシェルスキ博士

フロリダ州タンパ　ヒルズバラ郡学区

全米スクールカウンセラー協会
グロリア・アヴォリオ・ドゥポール博士
ノースカロライナ州グリーンヴィル
イーストカロライナ大学、カウンセラー・成人教育部門、助教
ノースカロライナ州スクールカウンセラー、プログラミング言語専門
カイリ・P・ドットソン・ブレイク博士、
ノースカロライナ州グリーンヴィル
イーストカロライナ大学准教授
J・スコット・グラス

目次

日本語版への序　神田橋條治　i
はじめに　v
謝辞　vii

1 注意欠如・多動性障害（ADHD）とは、どういったものでしょう？　1

1. ADHDは実体のない疾患でしょうか　2
2. 理屈 対 科学に基づく事実　2
3. ADHDは一連の行動の組み合わせ　3
4. 診断基準　3
5. ADHDの徴候　4
6. ADHDの有病率　6
7. ADHDの原因とは？　8
8. 主要な症状とよく見られる機能不全　9
9. ADHD不注意優勢型　13
10. 要約　13

2 実行機能の不全　15

1. なぜ実行機能にそれほど紙幅を割くのでしょう？　15
2. 実行機能とは？　16
3. ADHDと関連する実行機能の役割　16
4. 実行機能過程の寸描　16
5. 行動抑制の欠落　17
6. 実行機能の構成要素　17
7. 様々な組み合わせで相互に作用し合う実行機能　19
8. 要約　23

3 ADHDを抱える子どもへの公正な対処　25

1. 公正と公平は同じではない　25
2. スクールカウンセラーの役割　26
3. 相談役としてのスクールカウンセラー　26
4. 教師の理解を促すスクールカウンセラーの支援　29
5. 学校での成果に関わる危険因子の遭遇　29
6. 配慮に強い抵抗を示す教師との説明　30
7. 親の理解促進におけるスクールカウンセラーの役割　31
8. 親が子どもにADHDについて話すにあたってのカウンセラーによる支援　32
9. 学校を考慮した親子の関係　34

10. 気持ちを汲み取れる教師　36
11. ADHDという気づかれにくい能力障害（Disability）によって、子どもが成功できないわけではない　36
12. 公正を確保する道しるべ　37
13. 要約　45

4　授業での方策――生徒の成功を導くコツ　46

1. 変化を引き起こすスクールカウンセラーの役割　46
2. 学業面での大変さを理解する　47
3. ADHDを抱える子どもが苦労する学業面での遂行に関する領域
4. 学習スタイルを認める　54
5. 様式に富む教育戦略　55
6. 時間管理と体制化技能　57
7. 要約　58

5　学校でのADHDの振る舞いへの対処　62

1. 本論に入りましょう　63
2. 学校をあげての断固たる介入　64
3. 一人ひとりに合わせた断固たる介入　66
4. 怒りの制御に役立つ介入　68
5. 教師にも何らかの変更が必要かもしれない　71
6. 要約　90

6　薬物治療について教師が知っておくべきこと　91

1. わが子は薬物治療を受けるべきか　92
2. ADHDの治療に多用される薬剤　93
3. 刺激薬によるADHDの治療　94
4. 刺激薬によってADHDは治癒するのか、このような薬剤の作用機序は？　97
5. 薬剤の作用持続時間はどのくらいか　98
6. 過剰投与の徴候　98
7. 薬が奏効したら、ADHDの診断が適切であると確認されるか　98
8. 刺激薬の副作用　99
9. 医師に伝えられるべき情報　99
10. 刺激薬は、成長に関する問題を引き起こすか　101
11. 刺激薬には依存性があるのか　102
12. 刺激薬の服用が薬物濫用を招来する可能性があるか　102
13. 刺激薬の投与によって、特に不都合が予測される子どもはいるのか　103
14. 学校へ行く時だけ服薬させればいい子どもは存在するのか　103
15. 刺激薬との薬物間相互作用　104
16. 刺激薬によって子どもの精神に異常を来す可能性があるか　105
17. 刺激薬を5歳以下の子どもに使用できるか　105

7 親への有効な伝え方

18. 私の生徒は以前はリタリン服用でうまくいっていたが、今では効かない。どうなっているのか 107
19. ADHDの治療に対する自然療法薬 107
20. ADHDの治療法としてのプロザック 109
21. 薬剤は学習能力障害に有用か 110
22. ある生徒の著しく挑戦したり反抗したりする態度に、薬物治療は効果があるのだろうか 110
23. 要約 111

1. 親という最重要資源 112
2. 親が直面している苦労を尊重し是認する 112
3. 親の子どもに対する代行と後押しとを峻別するよう促す 113
4. 一定の間隔での連絡が重要 113
5. 教師と親の話し合いへの参加 114
6. 要約 115

資料1 116
資料2 125
資料3 126
資料4 128
資料5 129
131

訳者あとがき、および解説　石川　元 117

参考文献 139

事項索引 143
人名索引 144

1 注意欠如・多動性障害（ADHD）とは、どういったものでしょう？

ADHDはアメリカで最も情報公開されながら物議を醸している精神医学上の疾患であり、また最先端の研究が行われている、子どもの心理学上の障害です（Barkley, 1995）。ADHDについてはすべてが分かっているわけではなく、診断にはまだ議論の余地がありますが、スクールカウンセラーとしては、疾患一般についてだけでなく、担当する個々の生徒にこの疾患がどのような影響を及ぼすかについて明白に理解することが重要です。非常に多くの専門家が関与しながら、ADHDの診断と治療に関する見解は大きく異なり、そのため本疾患の位置づけおよび、対処をすべきかどうか、対処するとしたらどう対処するのかといったことがはっきりしていないため、多くの混乱が生じています（Lougy & Rosenthal, 2002）。ADHDの定義が「これまで激しく変化してきたので、専門家も一般人も混乱してきた」（Robin, 1998, p. 13）という事実とは裏腹に、どんなレッテル貼りや定義がなされようとも、生徒に支援が必要という点では何ら違いがないことを分かっていただけるでしょう。理解され、支援され、肯定され、尊重されることが必要であることに変わりありません。スクールカウンセラーこそ、学校という場で求められる多くの支援を提供する手段を講じることができる唯一の存在かもしれません。

ADHDとそうした生徒のニーズに精通した専門家なら、必要な支援を提供するためのお膳立てが自身に備わっているとすでにお気づきでしょう。著者としては、在学中の生徒を道案内するという支援を用意するだけではなく、首尾よく大人になるのに必要な手だてをも提供していただきたいと望んでいます。この極めて重要な役割を果たすために、スクールカウンセラーは、ADHDとは何か、児童期や青年期での現れ方、そして親、教職員、その他の支援提供者にADHDの特徴について学んでもらう方法を、はっきりと理解しておかなければなりません。最も重要なことは、この疾患について精通することこそ、これから共に作業をするADHDを抱える若いクライエントを、理解し、受容し、前向きなラポールを形成する準備になるということなのです。

1. ADHDは実体のない疾患でしょうか

ADHDは成長によってみられなくなる一時的な状態や、時間の経過によって消失する子ども時代の正常段階ではありません。親の子どもへの躾（しつけ）の失敗に起因する行動でも、悪い気質によるわがままでもありません。子ども自身や身近な家族を混乱させ、悲痛な思いにさせ、イライラさせる、正真正銘の疾患なのです。ADHDは他の能力障害と同じようにハンディキャップを示す外見上の徴候がないものの、子ども自身と家族に著しい困難をもたらします（Barkley, 1995）。複数の団体や執筆者によって示唆されているように、ADHDが実体のない疾患ではありえないと明記することは重要です。米国精神医学会（APA）や私腹を肥やす製薬会社が最近になって捏造（ねつぞう）した架空の疾患では絶対にないのです。アナストポウロスとシェルトン（Anastopoulos & Shelton, 2001）は、「ADHDは単なる〈九〇年代にできた疾患〉にすぎないという主張にはほとんど根拠がない」(p.21) と記しています。ADHDであると示唆される行動の記述は、一九〇二年に遡ります。科学者が長年にわたり、米国においても海外の精神保健組織においても、この疾患を研究してきたのです。

2. 理屈 対 科学に基づく事実

ADHDの子どもの診断における現在の傾向を潔としない辛口の批評家による、ADHDなど「単なる理屈にすぎない」という言葉に、一部の教育者と親は困惑しています。一般に「理屈 (theory)」という概念が用いられる場合、あまり支持されていない考えであることを暗に示します。同じtheoryでありながら、科学での「理論 (theory)」という用語は、数段、説得力があります。科学においてはいくつかの理論が提唱され、吟味され、確定するまでの間に承認もしくは廃棄されます。ある理論の反証に失敗すると、その理論はほぼ正しいと見なされ、そのまま理論と呼ばれます（Comings, 2008）。

こうした誤解の訂正が重要なのは、誤解されたままであれば、ADHDを架空のものと見なし、教育上の配慮は不当であるとする教育者に、安堵 (ballast) を与えることになりかねないからです。今日では教育者のほとんどが、ADHDが理屈ではなく科学に基づく事実であることを承服しています。それでも、ロビン博士 (Robin, 1998) のような、ADHDの権威者が記しているように、アメリカのメディアにおいては一定の間隔で「ADHDは本当に存在するのか」といった疑問が浮上してしまうのです。『ADHD児という虚構』(1995) の著者で、ADHDの存在を批判してはばからないトーマス・アームストロング (Armstrong, T) が教育者の間では親しみをもたれているとも、ロビン博士は示唆しています。アームストロング博士は、これまでの業績、

特に複合知能に関する研究によって、教育界では信頼されています。ロビン博士は、ADHDの科学としての妥当性に異議を唱えるアームストロングの前提に、4段階の反論を提示した後に、「この本に一理があるとしても、歪曲と虚偽に満ちあふれており、これを鵜呑みにすると、ADHDのために生涯にわたる介入を必要としてやまない多くの若者の状況を苦しいものにするだろう」(p.44) と書いています。スクールカウンセラーは（ADHDへの支援）活動に入る前に、ADHDの科学としての妥当性に関するどんな質問にもいつでも対応できるように準備しておくことが重要です。本章で概説するように、ADHDはアメリカでも他の国の団体でも科学者によって研究され、調査されています。そして、今日、多くの医学会（いくつか例を挙げれば、アメリカ医師会、アメリカ精神医学会、アメリカ小児科学会）によって神経生物学的疾患であると認められています。

3. ADHDは一連の行動の組み合わせ

調査によれば、ADHDであると識別された児童青年期の子どもには、一連の行動の組み合わせが観察されます。専門家の間には、程度の違いはあれ児童期、青年期を問わず同様の中核症状（不注意、多動性、衝動性）が示されるという合意が存在します（Anastopoulos & Shelton, 2001; Barkley, 1995; Comings, 2001; Robin, 1998; Teeter, 1998）。中核症状ほど顕著ではありませんが、ADHDを抱える子どもは、ルールに従うことが困難で、課題達成に大きなムラが見られます

(Barkley, 1997)。

中核症状（不注意、多動性、衝動性）がADHDの「三位一体」と呼ばれてきた一方で、ラッセル・バークレー（Barkley, 1997）は行動抑制あるいは行動調整の乏しさがADHDの特徴であると提唱しています。バークレーは、次のように記しています。

この疾患を単にADD（注意欠如）と呼称し続けるとしたら、最近になって次第に明らかにされた研究成果が盛り込まれない控えめな表現となってしまうが、ADHD（という呼称）であれば、自己規制をかけ未来を見越して行動を組み立てる行動抑制の発達上の障害であることがよく分かる（p.3）。

結論として、（ADHDに）罹患した子どもの行動は、計画性を欠き、無分別で、感情に支配されやすく、まとまりがなく、目的および意図を失っているようです。そして、こういったことが学業成績、学校での生産性（school productivity）、家族関係、社会性および情緒の発達に悪影響を及ぼしうるのです。

4. 診断基準

米国精神医学会による『精神疾患の診断と統計の手引き』(DSM-IV-TR, 2000) には、「注意欠如・多動性障害の基本病像は、不注意および（または）多動・衝動性が発達に相応するレベルで通常観察される

よりも、頻繁かつ重篤に出現し、このパターンが持続する」(p. 85) と記されています。ADHDと診断されるには、「少なくとも二ヵ所(例えば、自宅と学校もしくは職場)で、その症状による機能不全が見られなければならない。(加えて)発達に見合った社会性、学業もしくは職業上の機能に支障が生じている明白な証拠が必要」(p. 85)です。仮にその行動が一ヵ所でしか見られないとしたら、ADHDを抱える子どもなら「頻繁かつ重篤な」ADHD行動パターンを継続して発現しなければなりません。ある時間帯にだけADHDのような行動を示すことのある、ADHDではない子どもとは異なるのです。さらにDSM-Ⅳ-TR(2000)には、以下のようにも記されています。

相当に厳しく管理された状況下や、新しい場面、ことさら興味深い活動に従事している時、一対一の場、適切な行動をすると常に報酬を得るという経験をしている場合などには、この疾患の徴候は最低限もしくは全く見られないことがありうる (pp. 86-87)。

状況によって症状にばらつきがあること、つまりある環境でADHDの行動が見られて、その他ではそれがない場合、それはADHDではありません (Anastopoulos & Shelton, 2001)。学校という設定には、ADHDではない子どもにもADHDのような行動をとらせる多くの環境要因があります。教室内で適切な行動ができるような構造や決まった手順がないこと、教師の期待が曖昧なこと、興味をそそる授業がないこと、行動規制のゆるさによって、普通

の子どもたちがADHDだと誤解される行動をとるかもしれません。こうした環境では、行動、学業、社会性という点で何が子どもに求められているかがはっきりせず、こうした期待の欠如は、子どもたちに戸惑い、不安、制御困難をもたらします。喧嘩、過剰な待機時間 (downtime)、構造化されていない自由時間の多い環境では、構造がはっきりしていないために、子どもは独自の構造を作ろうとします。その構造には、自分に注意を惹こうとする振る舞いやいわゆる行動化や、教室周辺でわけもなく動き回るといったものがよく見られます。教師はこういった行動をADHDのようだと報告するかもしれませんが、カウンセラーもしくは学生研究チーム (student study team：SST)がその行動について詳しく調べてみると、親や教師が行動、学業、社会性への期待を明確に示している家庭や教育現場では、同じような行動は見られない可能性があります。その場合の行動はADHDではなく教育環境によって引き起こされているのです。

5. ADHDの徴候

ADHDは教師からよく誤解されますが、子どものADHDと一口に言っても種々雑多な徴候があります。子どもによってADHDの発現様式や程度が異なるので、担任がこの疾患の真の徴候となる行動を明確に識別することは困難です。現在のところ、ADHDの診断は四つのカテゴリーに分けられます。子どもの診断をさらに細分化した的

確かなカテゴリーは、その行動を最も代表する構成要素に基づくものです。ADHDの四つの亜型は以下の通りです。

a. 混合型（ADHD-C）

この診断は、衝動性が顕著でなく、主に不注意と多動に適用されます（DSM-IV-TR, 2000）。このタイプの子どもと落ち着きがなく、着席し続けるのが困難で、授業課題をやり終えるのに苦闘し、よく宿題を仕損ない、（廊下での雑音のような）無関係な刺激にすぐに気持ちが転導し（注意散漫になり）、注意を喚起しなければ毎日の日課をよく忘れます。

b. 不注意優勢型（ADHD-I）

この診断は、多動や衝動性は見られず、不注意を示す子どもに適用されます（DSM-IV-TR, 2000）。子どもはよく、ぼんやりと空想に耽っているとか学業不振と見なされ、不注意で、集中できません。その転導性（注意散漫）は表面化しないことが多く、必ずしも教師に気づかれるわけではありません。また、物事の段取りをつけるのに四苦八苦し、作業を終了させることに苦労します。

c. 多動・衝動性優勢型（ADHD-HI）

この診断が適用されるのは、多動と衝動性が見られ、その程度が不適応をきたすほどで、かつ発達レベルに相応しくない子どもです。この場合、通常、不注意は見られません（DSM-IV-TR, 2000）。これに当てはまる子どもの難題の典型は、学校や外部機関（例えば、警察もしくは社会福祉）で究極の難題を抱えます。教室ではこうした子どもは常にあちこち動き回り、席に着こうとせず、しゃべりまくり、筋の通らない危険な行動に関わってしまいます。衝動性の高さのために、運動場で遊び仲間とよく諍いを起こします。

d. 特定不能型（ADHD-NOS）

この診断は、「注意欠如・多動性障害の基準を満たさないものの、不注意あるいは多動衝動性の顕著な症状を伴う疾患」（DSM-IV-TR, 2000）に適用されます。これに当てはまるのは主として青年や成人で、症状のいくつかが継続していて、特定不能型ADHDもしくは不完全寛解ADHDと診断されます。ですから、青年や成人になりADHDの診断基準を満たさなくなっても、実際には依然として学校や職場で機能不全を呈することがあります。

時に引き合いに出される上記以外のもう一つのカテゴリーは晩発性ADHDです。この場合、7歳以前の発症という項目以外はすべて診断基準を満たしています（DSM-IV-TR, 2000, pp. 85-93）。晩発性ADHDでもその多くは、診断基準を満たしているADHDと同様な精神疾患の併存症（気分障害および不安障害）や機能不全（学校での問題、法律に関わる問題、運転の問題）で似通ったパターンを呈します（Faraone et al., 2006）。こういった生徒は、思春期になって学校で教師から、注

6. ADHDの有病率

情報源によれば、ADHDは人口の3％〜20％が罹患します。専門家の大多数が、ADHDと診断された人口比率が3％〜7％だということを是認しています（Vaughan & Kratochvil, 2006）。ニュージーランド、カナダおよびドイツでの研究によれば、有病率は総じてアメリカ同様に3％〜7％でした（Hogwood et al. 2000）。二〇〇三年におけるADHDと診断された全米子ども保健調査の報告では、4歳〜17歳のうち約440万人がADHDと診断された既往を有しています（Bukstein, 2006）。男女比を見ると、多動・衝動性優勢型（ADHD-HI）では4対1、不注意優勢型（ADHD-I）では2対1です。ADHDは女児の方が特定されることが少ない可能性があります（Sadiq, 2007）。女児には多動と衝動性といった典型症状が欠如していることが多く、しばしば見過ごされてきました。概して、女児は授業を中断させるようなことはありませんが、臨床レベルで意味のある不注意と学業不振を抱えており、そのことで幾分か自尊心を下げているのです（Thurber et al. 2002）。ADHDを抱える女児にありがちなのは、注意集中と選択的注意〔訳注　多くの情報から必要なものを特定のものを受容〕の問題です。授業中、情報処理が緩慢で正確さを欠き、記憶検索で苦労することが多いように見受けられます。こうした女児は不安障害や気分障害を合併しやすく、よく気弱で、内気、無口、心配性と見られます（Nadeau et al., 1999, p. 46）。こうした行動により、学習に没頭できず無関心なように映ります。

諸家の報告では、ADHDの三つの側面に有意な性差があることが一貫して確認されています（Reid et al. 2008）。

- 男児と女児では症状のパターンに違いがある。女児に衝動性が少ないのに対して、男児は規律の問題に抵触しがちである。
- ADHDの亜型の分布にも差がある。女児はADHD-Iを抱えがちである。
- 併存症にも違いがある。男児に比べて女児は学習障害を呈することは少なく、うつ病、素行障害、反抗挑戦性障害（ODD）のリスクは低いようである。

この30年間、ADHDと診断される子どもの数は増加しています。全米外来医療調査によれば、ADHDと診断された子どもの数は、一九九〇年から一九九八年の間に2.5倍に増加しました。ケレハー、マッキナリー、ガードナー、チャイルズとワッサーマン

意集中、体制化技能、一人で学習する技能を期待・要求されるまで、症状が顕在化することはありません。実行機能の脆弱さはもともと常に存在していますが、中学校や高校で実行機能を要求される課題を体験するようになるまでは問題化することはないのです。段取りや並行作業や先を見越した計画を要求されるという変化が、ADHDの不注意症状をいっそう明瞭にするのです。教師と親がよく報告するのは、そうした生徒が思春期前後に焦燥感、気分変動、学業困難が目立ってきて、やがてADHDと診断されるという顛末なのです（Nadeau et al. 1999, p. 43）。

1 注意欠如・多動性障害（ADHD）とは、どういったものでしょう？

（Kelleher et al., 2000）によれば、小児科医がADHDと特定した子どもは一九九六年には9・2％であり、これは一九七九年の1・4％と比較すると6・57倍の増加でした。以上の統計は、病気の流行を意味するのでしょうか。それとも意識の高まりを示すのでしょうか。もしくは研究におけるさまざまな恣意が診断を推進しているのでしょうか。

ADHDと診断される子どもの数が増加していることにはさまざまな理由があると思われます。第一は、市井（しせい）でのADHDへの関心の高まりです。第二は、この十年間、徐々に、就学前と青年期の子どもはADHDと診断されるようになりましたが、過去には、就学前の子どもが診断されることは滅多になく、また青年期になるとほとんどがADHDではなくなってしまうという感触を専門家が抱いていました。今日では、就学前・青年期とも、的確に識別され診断されています。第三に、保険上の指導と規制があるために、大部分の子どもはまず、ADHDが専門分野ではなく厳密な診断基準を持ち合わせていない小児科医や家庭医によってADHDだと診断されています。発達を専門とする小児科医は依然として希有なので、子どもが（児童青年期精神科医など）精神保健専門家に紹介されるのは、ADHDに加えて重大な精神保健上の懸念がある場合に限られます。これは残念なことに、子どもが誤診される結果につながる可能性があります。というのも一般小児科医や家庭医の場合、査定に要する時間を欠き、またADHDの専門知識が不十分だからです。

ロビン（1998）はアメリカでのADHD診断の増加を説明するその他の可能性を提示しています。それによると、テンポの速い15秒サウンド・バイト〔訳注：主にニュースメディアに使われる手法（15秒以内にコメントをまとめる手法）〕の心性といった文化背景が関わっています。こうした文化では、ADHD様（よう）の振る舞いが助長され、中流階層の多くによって高い学業成績と良い就職を重視する方向での圧力がかかる傾向にあります。このような負荷によって、親はADHDといった診断に関心を抱き、子どもの学力や経済階層を高めるような投薬などの治療に注目する可能性があります。最後の要素は、ADHDが終生存続する疾患であるという認識が、査定を求める青年期と成人の数を増加させていることです（Robin, 1998, p.28）。過剰診断が行われているかどうかは別として、大多数の教師がクラスに少なくとも一人のADHDの子どもを抱えているという現実があるのです（Barkley, 1990; Scahill & Schwab-Stone, 2000）。

いったんADHDと診断されると、多くの場合、児童期を通して、その診断が何の疑念もなく継続されます（Teeter, 1998）。ADHDに関する研究文献と追跡調査では、ADHDの顕著な症状や機能不全は成人まで持続し、半生は持続することが示されています（Biederman et al. 2000; Faraone et al. 2006）。昨今の疫学データによると、米国成人のADHD有病率は5％と推定されています（Barkley et al. 1990; Weiss et al. 1985）。さらに、青年期のADHDはその約50％～70％が成人期まで持ち越されます（Millstein et al. 1997）。また、ADHDを抱える青年と成人の90％～95％が少なくとも疾患の一構成要素である不注意を呈しています（Biederman & Seidman et al. 2008）。ADHDの症状を示す成人の典型は、自制心が弱く、短気で、日課を規定してそれを遵守したり、秩序立てて考えたりすることに困難を抱え（Wolf & Wasserstein, 2001）、自己報告によれば、生涯にわたり障害の影響を受

け、生活上のさまざまな場面で不全感を覚えているようです (Biederman et al. 2006)。ADHDと診断されたことのある成人の大部分では、成人の41％が併存症を示しており、そのなかには気分障害、物質濫用、反社会性行動が見られます。ティーター (Teeter, 1998) が参照した報告では、ADHDは異種起源性 (heterogeneous) の障害であり、気分障害や学習障害といった併存症をもたらすリスクが高いという科学的認識が高まっています (Pastor & Reuben, 2002)。ADHDの成因は不明ですが、ADHDの家族研究からはこの疾患に遺伝が関わることが示唆されています (Comings, 2001; Hechtman, 1996)。

ADHDは低ドパミン作動性障害または自己制御不全として説明されることの多い実行機能の障害と称されています。最近の研究のほとんどが、ADHDの症状は、衝動の制御や注意の維持に関わる脳皮質前頭前野の遂行中枢における機能低下の結果であると示唆しています。ドパミン活性の減少は、ADHDの行動以外にも嗜癖（たばこ、物質濫用）リスクの増加と関連します。ADHDに直接関与する二つの主要な神経伝達物質であるドパミン系とノルエピネフリン系の不均衡がADHDで見られる症状の形成に寄与します (Sadiq, 2007)。この二つの神経伝達物質系は相互に呼応して注意、抑制、運動計画 (motor planning) を統制します。ADHD治療に使用される薬剤は、ノルエピネフリンとドパミンのレベルを調整し、それによって脳の機能を正常化し、自己制御を改善させます (Barkley, 1990; Shekim et al. 1983)。ADHDを抱える場合に見られる、機能の異常に関与すると考えられる脳の領域は他には、前頭線条体複合体、大脳基底核、右前頭前野です (Sadiq, 2007)。

7. ADHDの原因とは？

専門家によれば、ADHDは神経発達の障害と見なされ、一般に幼児期に顕在化し家族性の遺伝危険因子を伴うという強力な証拠を有しています。その症状は認知、学業、行動、情緒、対人機能に影響を及ぼします (Anastopoulos & Shelton, 2001; Barkley, 2000; Biederman et al. 1992; Comings, 2001)。

8. 主要な症状とよく見られる機能不全

ADHDは誰にでも見られる人間の正常な特質のスペクトラムにおける極端を示していると思われます。ですから、ADHDにも成熟に伴う発達上の変化が見られます。ADHDが特性の連続帯での一方の端を表しているとしたら、ADHDに罹患していない場合とADHDを抱える場合との境界線をどこに引くかという、診断に伴う問題が生じます。誰もがADHDの特性を備えていて、ADHDと診断されるのは、ただ極端を示しているのかもしれません。この疾患は、読解力、身長、体重、知能などの個人における他の特性と同じように捉えることができます。つまりその連続帯のどこに位置するかによって、その人の特性が正常と見なされるか異常と見なされるかは人それぞれです。ADHDの子どもがどの程度、遺伝による特質を受け継ぐかは人それぞれで、それはちょうど身長や知性といった特性の場合と同様です。二人の子どもがまったく同じ行動を遺伝されたり、発現したりすることはありません (Lougy & Rosenthal, 2002)。

ADHDの主症状は不注意、多動および衝動性です。こうした主症状がどの程度で、いかなるパターンなのかが、臨床家にとってこの疾患を診断する指標として役立ちます。主症状についてここでは手短に概説し、第2章で、ADHDを抱える生徒の、学業と社会・情緒面の発達を阻害するというADHDの弱点に焦点を絞り要点を紹介します。第4章と第5章では、主症状が学校での子どもの学習や行動にど のような影響を及ぼしうるかを仔細に検討します。

a. 不注意

不注意は、ADHDの中核システムの一つと考えられます (Anastopoulos & Shelton, 2001; Barkley, 1990; Teeter, 1998)。不注意は一般に一連の複雑な過程として引き合いに出されます。サム・ゴールドスタインとマイケル・ゴールドスタイン (Sam & Michael Goldstein, 1990) による注意に関する以下の考察は、学校や家庭で必要な課題を扱っているという点で有益です。

(1) ノートをとりながら同時に教師の言葉に注意を払うことが困難な生徒は、注意の分割 (divided attention) に問題を抱えている。

(2) ぼんやりと空想に耽っている (daydreamer) と語られる生徒は、目下の話題ではない他の活動に没頭しており、注意の焦点づけに問題があるといえる。

(3) 雑音つまりドアの閉まる音や他の生徒が教卓に向かい通路を進む足音に気をとられる場合は、注意の選択に問題を抱えている。

(4) 課題を成し遂げるまで取り組み続けることができない生徒は、注意の持続や粘り強さに問題を抱えている。ADHDの脳を備えた子どもは、その時に取り組んでいること以外の活動に注目し、転導してしまう衝動を先延ばしすることができ

ない。このような困難から、20分でやり終える課題に3時間かかるような事態によく陥るが、それは注意の持続における遅れを意味する。

(5) 教師が次に綴る言葉を待てない生徒は、用心や即応能力に問題を抱えているといえる。

研究によれば、注意の欠如が特に明らかになるのは、繰り返し、もしくは退屈な状況下であることが示唆されており、これらは教室での座講とかあきする宿題に取り組む場合に起きます(Anastopoulos & Shelton, 2001; Barkley, 1997; Teeter, 1998)。さらにまた、不注意は、長時間にわたる自由活動に携わる場合や野球のような団体スポーツに取り組む場合の、子どもの能力に影響を及ぼす可能性があります(Pelham et al. 1990)。

努力の維持困難は、集中して取り組み続けることができないことと緊密に同調しています。生徒は注意欠如を「退屈だ」という言葉で言語化しています。ありふれた、反復的な、刺激の低い活動、やる気になれない学業や指導に飽きるようになります。ADHDを抱える生徒は「新奇なものへ偏った注意」(Robin, 1998, pp. 16-17)を向け、初めてのワクワクした体験を求めがちです。こうした新しいものへの冒険は青年期においては時に危険度の高い行動である性的逸脱、万引き、薬物濫用を招来することがあります。不注意によって、学校で使う大切な物を忘れてきたりなくしたりしがちです。登校の準備をしないで、紙、ペン、鉛筆など必要なものをもっていかないことがよくあります。宿題は遅れて提出するか、提出

自体を忘れてしまいます。授業や自宅での宿題に必要な本や資料が手元にありません。宿題の割り当てを書き留められないので、課題を仕損なうことが多く留年しがちです。

不注意がスペクトラム上の対側にある過剰集中という形で現われることもあります。不連続の事象を選んで注意を向ける傾向にあり、興味をひくものには関心が白熱化しがちです。ADHDを抱える子どもは、今自分のしている興味をひく活動や課題にあまりにも集中しすぎて、教室内で起きている変化に気づかず、「読んでいる本を片づけて数学の教科書を出すように」とか「休憩に入るように」といった教師からの指示を聞けなくなることがあります。

複雑な課題をする間の注意については、自己調節に関連した以下の三つの過程によって構成されると説明されています(Teeter, 1998)が、この3過程が習得されないと、学業に悪影響を与える可能性があります。

(1) 長時間にわたって注意を維持すること。
(2) 注意を統合し、自己制御すること。
(3) 課題に専念する努力をすること。

ADHDを抱える子どもはこの三つの課題すべてに相当な努力を必要とします。そのことが学校での困惑や失敗の繰り返しの一因となり、自尊心を下げることが多く、行動上の問題を招来します。

b. 多動

昨今の研究では、多動と衝動性は同じ行動抑制が不全であること（自発運動の衝動を抑止できない）の異なった表現であると示唆されています（Robin, 1998）。それでも多動を単独で論じるのが役立つのは、それが教師にとってADHDと最も馴染みが深く、ADHDの査定のほとんどで引き合いに出されるからです。

ADHDの話を教師とする場合、教師の心に最初に浮かぶのは、うろうろ動き回り授業を乱す多動な子どもです。誰もが知っていて、「皆を困らせ、いらだたせる」と言われることもあります。その子どもの名前は学校では全教師が周知しています。

多動は単に活動性の亢進というだけではなく、無秩序で目的を欠く振る舞いでもあります。多動といってもその過剰な体動の範囲は、落ち着きがない、着席しながら絶え間なくもじもじするという状態から、明白な理由もなく部屋じゅうを慌ただしく走り回る状態まで幅があります。教室では、くねくねして、揺動し、机につまずくのが見られるかもしれません。また椅子を傾けて揺さぶったり、跳んだり、蹴ったり、鉛筆で軽く叩いたり、鼻歌、放歌、騒音など、さまざまな形での絶え間ない体動も見られるでしょう。多動な子どもは、いつも「あちこち動き回る」とか「エンジンがかかったよう」だとよく言われています（DSM-IV-TR, 2000）。幼い子どもがADHDを抱えていると、飛び跳ね、くねくねし、もじもじして、走り回り、じっと座っていることができず、ある地点から別の地点へと静かに歩を進めることはひどく困難です。特に、してはいけない場所で、モノを叩いたり、掴んだり、触ったりします。さらに、余暇活動で遊んだり加わったりすることが苦手で、事故を起こしやすく、過度におしゃべりをしては、椅子の端にしがみつき、静かにすべき場所で騒ぎすぎます。一言でいえば、多動な子どもは活動レベルの制御に大きな問題があり、周囲からの催促なしには制止できないようです（Lougy & Rosenthal, 2002）。

幼児期に見られる多動は、多くの場合、青年期になると減少、もしくは「自覚された情動不安」（Robin, 1998, p.18）へと形を変えます。青年期では、親や教師には、情動不安などないように見えるかもしれませんが、落ち着きがないと感じて、莫大な量のうっ積したエネルギーの矛先や制御を求めて苦闘します。そして子どものADHDとは違った方法で情動不安を表現しようとします。おそらく、もじもじするのが増えるか、それ以外の情動不安の徴候を示すでしょう。青年期になると、教室で長時間着席して学習することが求められるような場合に、閉じ込められているような感じ、と申告されることがよくあります。教師は青年期によく見られる多動の二つの徴候として、会話が止まらないこと（特に少女）と執拗な質問の繰り返しに気づくものです。こうした積したエネルギーを減弱させるため、周囲を強引に挑発することもありますが、その目的は一点に注意を集めようとしたり、内なる混沌を取り除こうとするためです（Alexander-Roberts, 1995）。内在するエネルギーを多くの活動に注ぎ込むことで、絶大な活気が顕現し、そのエネルギーは時には夜間わずか4、5時間の睡眠で回復できるのです。持ち前の高エネルギーは友達と家族を疲弊させ（Robin, 1998）、このような高レベルの活力と日々つきあわされる教師は即座

c. 衝動性

　衝動性は多くの場で出現する可能性がありますが、ADHDを抱える子どもと関わる教師、親、仲間をイライラさせます。衝動性は、順番を待つことができない、考えずに口がすべる、相手の時空間に割り込む、ほとんどの授業でのどうしても容認できない振る舞い、という形で散見されます。衝動性のある生徒は、要求が多く、融通がきかず、自己中心的に映ります。指示が終わらないうちに、事を始めてしまい、考えなしにモノを手に取り、傍目からはわずかな時間たりとも同席するのは辛いと思われがちです。また自分の番が回ってくるのを待つことができず、他の生徒を追い越そうとして列を乱したり、ゲームで相手の番に割り込んだりするでしょう。授業中に要請もないのに勝手に手を挙げ、いざ発言を求められても、何を答えたらよいのか分かっていません。こうした生徒は、交友関係をうまく維持できず、社会技能が苦手です。それらは衝動性のある振る舞いによるもので、パーティには招かれず、休み時間は遊びに誘われず、授業中の集団活動で相手を頼まれることもありません。その理由は、厚かましく、意固地で、相手の話を聞く耳をもたないからです (Lougy &

Rosenthal, 2002)。

　青年期には、高い衝動性が持続することがあります。刹那の行動であることが多く、自分の満足を先延ばしすることがひどく苦手です。心に浮かんだあらゆることを、実際にそうした場合の結果を予測して思いとどまることなく、そのまま実行してしまうでしょう。宿題を成し遂げなかったり、家庭の手伝いを怠ったりするために課せられる長時間にわたる苦労をものともせず、一時の満足を選ぼうとしがちです。無責任で、自分中心、未熟、怠惰で、明らかに無礼と見なされます。衝動性の見られる青年は、認知という点では、宿題を急いで終わらせ、重大な細部を見落とし、不注意ミスを重ね、書字も杜撰です。情緒という点では、欲求不満を引き起こしやすく、焦燥感に駆り立てられ、気分屋でたちどころにキレそうになり、時に、相手もしくは自分に荒々しい言葉を浴びせることもあります (Robin, 1998)。

　つまり、衝動性の見られる行動は、同輩による仲間はずれや教師からの非難、学校からの懲罰、親からの激昂や勘当をよく招くのです。幾年にもわたり拒絶され、処罰され、批判される経験が重なると、衝動性の高い生徒は反抗心を蓄え、低い自尊心と被害者意識を募らせます。さらに教育、対人・情緒上の発達に影響を与える、併存疾患（学習障害、反抗挑戦性障害、双極性障害、物質濫用、不安障害、うつ病）に見舞われる可能性があります。

9. ADHD不注意優勢型

不注意優勢型の子どもは、静かに着席しながら、ぼんやりとしているかもしれません。外面よりもむしろ内面で気がそぞろになっているので、茫乎(ぼうこ)とし、刺激に対する応答が遅いと見受けられることが多々あります。不注意優勢型を抱える幼児が、専門家によるADHDの査定に照会されることは稀ですが、それは破壊性として認知されるような行動を示す頻度が高くないからです(Barkley, 1995; Lavey et al., 1998)。また多動衝動性優勢型の子どもに比べると、同年輩の友達を作る可能性があります。それでも学年が上がると、学業面での問題を抱える割合が高まる傾向にあります。

こうした子どもが示す不注意な行動は、一方で、日常生活のなかで持続し、多岐にわたり、問題になります。一つのことに集中することができないのは、それはあらゆるものに注意を向けてしまうことが多いからです。身の回りの環境を常に探索し、本来、注意を向ける必要のない万事に転導されてしまうのです。不要な情報を排除するための選択制御が欠落しているので、照明器具の騒音や時計のカチカチ音が耳に入ってしまい、どの音源に注意を払うべきか決めることが困難になります(Levine, 2002)。内面の転導という場合、あたかも注意を払っているように見えますが、教師が着ている衣服や掛けている眼鏡を注目していたりします。あらゆる情報に知覚を活性化され、授業での重要な内容に専念することが非常に困難となります。注意を引きつけるものが多すぎると、即座に満足が得られるものに着目し、それ以外の注意すべき入力情報は遮断されてしまうことが多々あります。授業での指示への反応が遅く、授業に半分も集中していないために、口頭もしくは板書された指示に従うという点で、他の子どもよりよく間違います。不注意優勢型の生徒は、関連のないものと関連のあるものとを区別することが困難なために、指示された情報を取捨選択するのが大変です(Barkley, 1995)。バークリー(1995)が引き合いに出しているのは、不注意優勢型の子どもは知覚してから運動に至る速度や目と手の協応といった課題が苦手であり、過去に学んだ情報を確実に思い出すことに問題を抱えやすいという知見です。

最後になりますが、不注意優勢型の有病率の男女比は、ほぼ同じだと思われます。トマス・フェラン博士(Phelan, 1996)もその比率が一対一であるとしており、理由として成人で診断される割合が男女とも同程度だということを挙げています。(Alexander-Roberts, 1995)。それとは対照的に、多動衝動優勢型は、女児よりも男児に約3倍多く見られるようです(Barkley, 1995)。

10. 要 約

これまでADHD症状について詳細な概観を提示してきたのは、ス

クールカウンセラーがこの特別な生徒と取り組む際に遭遇する課題を理解しておかなければならないからです。

スクールカウンセラー、学校心理士、現場での管理者は、ADHDを抱える子どもを教育する際、教師に重要な情報や指導を行なう上で、重大な役割を果たすことができます。学校での専門家として、子どもが授業や学校の環境、さらに学校での多くの課題と調和をはかるように求められる際に、ADHDの存在が深刻な問題となることを理解していただけるでしょう。ADHDを抱える子どもは実行機能の障害（第2章を参照）を併存することが多いので、ADHDを罹患していない生徒と比べると、学校の環境をより困難なものと感じる可能性があります。ADHDを抱える子どもは、ほとんど不可能に近い、日々の学校での課題を突きつけてくるシステムとの調和を要求されます。このことは、その奮闘が教師、仲間、それ以外の学校スタッフによって理解もしくは評価されないと殊更生徒の不満を募らせ、活力を削ぐものです。

メルビン・レヴァイン（Levine, 1993）は、次のような説得力のある記述をしています。

　期待はずれと思われる子どもと関われば関わるほど、その時期に子どもが体験せねばならないリスクについての理解が深まる……。その人生は、不当な非難、慢性の不全感、恥も外聞もないほど未開発な能力のために心の傷を背負うことになる。発達上の偏倚を理解すること、単純化しすぎずにその特徴を明確にすること、過度の失敗を経験している発達途上にある人間の利益になる

ように活発に介入することこそ、緊急の課題である（p. 11）。

本疾患に関して教師および支援に関わる学校スタッフを教育することは、倫理上、かつ職業上の責任を意味する「緊急課題」なのです。

2 実行機能の不全

本章では、実行機能に注目しますが、それを司る脳の領域の話 (Denckla, 2007) ではなく、(実行機能の遅れが計画、段取り、学習技能、自己管理・自己点検技能にどのような影響を及ぼすかといった)、学業成績や適応行動に関わる実行機能の役割についての話とします。このような用語は教育専門家にはお馴染みのもので、学習障害の文献のなかにもよく見られるものです。

1. なぜ実行機能にそれほど紙幅を割くのでしょう？

> よく宿題を提出し忘れてしまう。おバカなのかなあ。理科の先生はクラスの皆に、「この子はいつもADHDのせいでうまくやれないと言い訳をするけれど、皆はそうじゃないな」と話した。先生は、ボクが注意力のなさの口実に都合の良いようADHDを利用していると考えている。
>
> ――ライアン、中学2年生

著者が切実に感じているのは、まずは、ADHDの行動に実行機能がどういった役割を果たしているかについて、教師の理解や認識が不十分であることが多いことです。実行機能の欠落はADHDを抱えている場合によく見られ、学校での学業成績や適応行動に深刻な影響を及ぼします。ADHDを抱える子どもには実行機能の欠落がよく発現するので、教師がADHDと実行機能とを絡めて理解することが極めて重要です。

次に、誤った情報をもとに、ADHDを抱える子どもを（神経発達上の能力不全や未熟さではなく）怠惰、やる気がない、無責任など、暗に悪行を表わす言葉で呼び、意気消沈させる風潮に教師が加担する危険性があります。実行機能という神経発達・神経認知上の領域を受け入れてもらう最大の意義は、少数派の子どもを大人の誹謗中傷から守ることでしょう (Denckla, 2007, p. 15)。

2. 実行機能とは?

実行機能という用語はもともと、成人行動神経学の専門家に馴染み深いものでした。ところが、一九八〇年代にラッセル・バークレーなどの著者が、ADHDというまとまりが主にどういうことなのかを示すべく、実行機能の障害や不全について記述し始めました (Barkley, 1997)。一九九〇年代になると、行動神経学者と神経心理学者が実行機能という用語に夢中になり、ADHDやそれ以外の神経発達障害における実行機能の役割について調べる研究へと踏襲されます (Denckla, 2007)。

3. ADHDと関連する実行機能の役割

ADHDに関連する実行機能の役割を概説するにあたり、最初に有名な2人のADHD権威者による実行機能の文献を引用しました。ラッセル・バークレー博士とトーマス・ブラウン (Brown, T) 博士です。バークレー博士とブラウン博士はこの疾患の全般にわたる研究を行ない、論文を書いています。何れも国際的なADHD専門家です。学習障害やそれ以外の神経発達障害に関わる実行機能について、より詳細な勉強をされたい読者には、リン・メルツァー (Lynn Meltzer) 編『教育における実行機能――理論と実際』(2007) をお勧めします。

4. 実行機能過程の寸描

バークレー博士とブラウン博士による実行機能についての考え方を概観する前に、実行機能の主たる過程を寸描してみましょう (Meltzer & Krishnan, 2007, p.74)。

- 場に即した課題目標の選択。
- プランニングおよび知識と着想の統合。
- 関連のない枝葉ではなく関連のある本筋に焦点を合わせて、それを最優先させる。
- 活動を開始し、継続する。
- 作業記憶 (ワーキング・メモリー) に情報を保持する。
- 戦略を柔軟に転向させる。
- 競合する活動を抑制する。
- 行動の自己観察、自己点検、自己統制。

ADHDを抱える子どもはこうした過程の多くで脆弱性を呈します。

5. 行動抑制の欠落

ラッセル・バークレー (1997) は、行動抑制を実行機能による一連の機能で、その中心を成すものと考えています。適度な行動抑制が働かなければ、実行機能が支障なく発揮されることはありません。

実行機能という用語は、行動を調整するために用いられる個人の自発活動、すなわち、自己制御や目的に即応した働きかけを高めることを意味します。実行機能は、環境の変化や出来事の先行きを予測するのに役立つ行動の内在化を表わすものです｛訳注　内在化…社会における規範や価値に適合する行動をとるようになること｝。実行機能は、即応能力、習慣となっている反応を抑制する力、状況変化に即した調整をもたらします。ある意味では、発源の異なる種々の情報を統合する方策の選択を助ける、監督もしくは予定管理者の類いともいえる認知過程です。

ADHDを抱える子どもは、重要な目的を達成するための自己制御を発揮できないことが多いものです。たとえば、翌日の大事な試験にそなえて勉強し合格しようとするために、お気に入りのテレビ番組を見ないでおくことが困難です。普通の子どもなら、翌日に試験があれば、お気に入りでもテレビ番組は見合わせるでしょう。一方、ADHDを抱える子どもは、すぐに欲望を満たそうとするために、試験のあるなしにかかわらずテレビを選びます。そのような選択がどんな結果をもたらすかの査定に時間をかけることはありません。ADHDを抱える子どもの多くは後から得られる大きな報酬よりも即時の小さな報酬を好み、先送りを忌避します (Doyle, 2006)。このため、いくらか時間が経ってからご褒美が与えられるような、授業での報酬方式の多くは、ADHDを抱える子どもには効力を発揮しません。ADHDではない子どもなら、良い成績という長期の目標に向けて努力することが必要であると理解し、それがお気に入りのテレビ番組を見るという即時の満足に優先されるのです。

6. 実行機能の構成要素

バークレー (1997) のモデルでは、実行機能を構成する6要素が示されています。このうち4要素は表面には現れず、行動を自己監督する形をとり、心のなかで表現された情報に関与するとともに、6番目の要素である自動制御と実行システムの制御を促進するとされています。バークレーは、ADHDを抱える場合はこうした機能に支障が出るとも示唆しています。

a. 構成要素1

行動抑制は実行機能の基盤となるもので、次に挙げる四つの構成要素 (2〜5まで) もそれに左右されます。

b. 構成要素2

非言語作業記憶は、目的に向けて行動する際の案内役となります。

これによって、出来事の記憶、時間と機転の感覚、事後の判断および事前の考慮といった感覚運動情報の表象を心のなかで保持できるのです。

こうした子どもは時間感覚で四苦八苦するために、授業のスケジュール表や決まった日課を用いるなどの構造化された支援が行なわれなければ、苦痛な時間を過ごすことになるでしょう。子どもが「いつ朗読するのか」とか「どの時点で休憩するのか」と、繰り返し問いかけてくることがあります。時間感覚が乏しく次に何が起こるかを明確に把握できなければ、昨日この時間に何が起きたかを振り返り、これからどうなるのかを事前に考慮することに何に支障を来し、目的に即した行動をとることはできません。子どもが授業時間を無駄に過ごし、何も得られないで終わるように見えるのは、構造が明確でないためなのです。心のなかで感覚運動情報の表象を保持する能力不足を補完しようとして物に触れ回ったり、動き回ったりするのです。

c. 構成要素3

言語の内面化（言語作業記憶）は、事態に対応する前にそれを言語化したり、熟考したりすることを意味し、規則に従った行動の展開に欠かせないものです。

子どもがよく考えずに、また、質問されないうちに答えるうちに出し抜けに、答えてしまうことがあります。この「粗雑な」振る舞いは、「早く言わないと忘れてしまう」という考えからかもしれません。更にそうした子どもは思いついたまま行動する前に、どんな結果になるかを熟考するのに役立つ、心のなかでの対話を持ち合わせていません。その振る舞いは常規を逸しているように見受けられ、何回間違えても、そこから学習しそうにありません。このようにルールに従う行動が育ちにくい子どもに、教室でよく使われるような罰を与えても、大した効果はありません。ほとんどの子どもが用いている、心のなかでの対話により結果を予測しもっとふさわしい違った行動を展開させるプロセスが備わっていないのです。内面化された言語を通して展開される「こうすればああなる」という予測は、更には読解力とか善悪の判断と重大な繋がりがあります。

d. 構成要素4

感情・動機づけ・亢揚感の自己調整は、情緒にただ左右されるのではなく、事態を理路整然と評価したうえで反応することを意味します。

こうした子どもは感情の塊であり、感情の処理が出来なくて悪戦苦闘します。フーパーとアマンスキー (Hooper & Umansky, 2004) によれば、感情の処理は、①表現、②理解、③調整の3要素から構成されています。ADHDを抱える子どもはこのうち感情の調整と状況に合った適切な感情の選択に問題を抱えることがあります。口喧嘩の後

2 実行機能の不全

に相手の子どもがどう感じたかを想像のうえ究明させようとしたら、無理難題と映ることでしょう。このこと（相手の感情を想像することの困難）が、「こうした子どもはちっとも悪びれない」との世話人のぼやきを招来します。なんらかの状況に対して、感情で反応する前に必要な段階を踏むことに困難を抱えているのです（Denham, 1998）。通常、発達途上の子どもは、まずある感情に気づき、次にその感情が自分にとってどんな意味があるかを考え、最後に適切な反応を選びます。実行機能のこの領域で奮闘しているADHDを抱える子どもは、この3段階のどの部分であっても破綻している可能性があります。

e. 構成要素5

再構成とは、解析、目的に即した行動、柔軟性、問題解決と創造性の促進です。

こうした子どもは実行機能の遅れのために、新しいことを学んだりすることに苦労し、様々な見方を知ったうえで新しい状況を把握したり、思考や概念をうまくまとめた概念地図〔訳注 概念地図〈graphic organizers〉。視覚化により整理することで、生徒が自分の知っていることを思考できるようにする方策〕による補助がなければ、ADHDを抱える子どもにとって、解析型の思考は非常に難しいものとなるでしょう。枠組みと実際の行動と情報内容とのかねあいを理解し、内在化しておくための支援がなければ、目的に即した行動をとることは困難を極めます。こうした生徒は、問題解決過程を組み立てることができず、道理をわきまえない行き当たりばったりの振る舞いをすると思われます。そして「失敗しても懲りない」と教師や親からよく意見されるのです。

f. 構成要素6

バークレーモデルの6番目の構成要素である自動制御と実行システムは、行動抑制（構成要素1）によって、更に構成要素2～5からも、左右されます。

バランスをとること、鉛筆で迷路を進むこと、微細運動を必要とする身振りなどの測定といった研究の多くで見出されているのは、ADHDを抱える子どもの、この領域での協調運動の弱さです（Mariani & Barkley, 1997）。たとえば書字から、文字、単語、文章の錯綜した組み合わせに加え、微細運動のしなやかさと流暢さを見ることができます。話すということをとっても、言語を歯切れよく発するためには、一連の複雑な微細運動が要求されます。ADHDを抱える子どもの方が、そうでない子どもよりも話すことに障害を持つ傾向が強いようです（Barkley, 1997）。

7. 様々な組み合わせで相互に作用し合う実行機能

トーマス・ブラウン

バークレーと同じように、トーマス・ブラウン（2008）は注意を「途轍もなく複雑で多面的な精神機能」であり、「人間がどのように知覚し、記憶し、思考し、感情を持ち、行動するかといった側面において

重要な役割を果たす。また脳のある部位が単独で行なう活動ではない」としています (p. 12)。ブラウンは、注意を「その本質は、脳の実行機能の統合作用の一つの呼び方」(p. 12) と捉えています。ブラウン (2008) の見解では、実行機能は融和して稼働し、ADHDと診断される場合には、『アテンション』誌で「注意欠如症候群（ADD）における実行機能不全」(pp. 12-17) という表題のもとに説明されている、次の6群のいくつかに欠陥が見られます。

a. 第1群　課題をまとめ、順位をつけ、取りかかる

- 課題（宿題、面倒な作業、授業での割り当て）に取りかかることの困難。
- もともと面白くない課題の場合は特にぐずぐずと先延ばしをする。
- 課題に要する時間を想定したり、順位を決めて幾項目かを優先させたりすることが難しい。
- 重要な細部を見落とすことが多い（歴史の試験が翌日あるのに、その準備もしないで数独【訳注　すうどく、Sudoku：3×3のブロックに区切られた9×9の正方形の枠内に1〜9までの数字を入れるパズル】で遊んでしまう）。
- 肝心なことを優先できない（算数の試験で＋と－を間違えることはないものの、答案用紙に名前を書き忘れる）。
- 全体を把握したうえで優先順位をつけられないことがよくあることから、ADHDではないかと話の口火が切られることがよくあります。「ブラックホール」と呼ばれるリュックサックを背負った子どもとも形容されます。こうした混乱は、何が一番に重要か見分けられないために生じます。大事なものとそうでないものを判別できないため、リュックサックには重要書類とゴミとが混在しています。こうした子どもは作業に取りかかからずに、鉛筆を研いだり、ティッシュ・ペーパーを欲しがったり、トイレに行こうとしたりして、作業開始を遅らせる多くの戦略を用いるでしょう。この遅延によりたくさんの課題が中途半端なまま残り、宿題は膨大な量と化します。また、初めての課題がどのくらい時間がかかるのか現実に即して判断できず、通常、所用時間を過小に評価してしまい、課題に優先順位をつけられません。実行可能な部分部分に分けて課題を行なう方策を持たず、圧倒されたように感じて、取りかかる前から諦めてしまう場面もよく見られます。そのため、肝心なひとつひとつに注意が払えず修正が効かないことと相まって、学校でADHDを抱える子どもは、怠慢だと見なされることが多いのです。

b. 第2群　集中し、それを持続することによって、課題に没入する

- 課題を終わらせないうちに注意が途切れてしまう。
- 電話で要点を聞き漏らしたり、印刷物のなかの重要な部分を見逃したりする選択的注意の困難。
- 身体の内外からの注意を逸らすものに容易に動じてしまう（他の子どもが廊下を歩いたり、鉛筆が床に落ちたりといった教室での気を散らすものに頓着せずに雑多な考えや周囲の騒音、

2 実行機能の不全

- 一つのことに集中しすぎて、重要なことが起きてもそちらに注意を向け直すことができない（運転中、ラジオの音に釘付けになり、前方を見たり、他の車に注意を払ったりができない）。

こうしたことは何にでも注意を向けます。重要な情報に焦点を絞れないために、廊下の雑音、教師の服装、自分が履いているソックスの縫い目や、隣の列の生徒同士の会話、照明器具の雑音、オーバーヘッド・プロジェクタ冷却器の騒音などによって注意が散漫になります。教師が割り当てた重要な情報と競合する考えが次々と生じるので圧倒されてもいます。注意を引きつける多くのことがあれば、課題を終えるまで集中し続けるのはかなり困難です。

c. 第3群 覚醒の調整、努力の持続、処理速度

- 静かに着席することを余儀なくされると、居眠りせざるを得なくなる。特に、担任が座講形式で情報を提示すると顕著である（常に注意を維持できないために、疲労が生じると考えられる）。
- 夜間十分に眠ることが難しい（ADHDを抱える子どもは、疲れて眠りたくても、なかなか寝つけない）。
- 処理速度が遅いために、課題によってはそれを終わらせるのに苦労する（問題を読んで解答を書くのに特に時間がかかると不満を訴える）。
- 処理速度は、早すぎるか遅すぎるかのどちらか（早すぎると、うっかりミスや細部の読み落としで成績が悪くなりがち）である。

こうした子どもは授業に集中できず、怠惰であるとか、やる気がないと、よく見なされます。眠そうだとか、退屈そうだとも見られます。疲労はもともとの脳の在り方に由来する指示や「黙って座っていなさい」との言葉だけでは、一層悪化させてしまいます。ぼんやりもせず、やる気のあるときでさえ、ひどく遅い処理速度のために、課題を完成させるのに四苦八苦するのです。

d. 第4群 欲求不満への対応と感情の調整

- 「欲求不満への閾値が非常に低く、自覚された感情体験や感情表出を制御することに慢性の困難を抱えている」（Brown, 1998, p.15）。
- 欲求不満への不相応な感情反応、短気、焦燥を覚える閾値が低い。
- 溢れ出る感情のために、違った考えを抱く余地がほとんどない。
- 気分が高まっていると、様々な思考や感情が押しのけられる。
- ちょっとした侮辱や批判にさえも過敏に、強く反応する。
- 欲求不満などの感情への対応に慢性の問題がある。

こうした子どもは、打ちひしがれた思いを抱えています。教師や親から、怒りの処理に問題があると受け止められがちです。行動を調整

し、適切な感情反応を判断する内的言語を持ち合わせていません。感情が昂ぶると、他者の感情を識別できなくなります。調整が困難なために、過敏で、激しく反応するようです。どうすればいいかを知りながら、それを実行するには大層な困難が伴うともいえます。実際には自己制御における発達上の遅延が問題の中心であるにもかかわらず、こうした子どもは「悪い子」というレッテルをよく貼られます。

e. 第5群　作業記憶と回収情報を利用する

- 覚えることが難しい。つまり、（今、聞いたばかりの電話番号を覚えておいてその番号に電話する、というように）情報を保持しながら、それ以外の情報を扱う作業記憶に支障が見られる。
- コミュニケーション（表出および受容の両側面）に困難を抱える。これは、作業記憶の支障に起因する。
- 長期記憶から情報を検索することが難しい。
- 作業記憶（読む、計算する、書くといった学業の中核部分を習得するうえでの大事な要素）を適切に機能させることに困難を抱える。

こうした子どもは作業記憶に問題があるために、重大な影響を被っています。次に行なわなければならないことを忘れたり、宿題を提出し忘れたりすることが頻繁に生じます。ノートをとっていたり試験を受けていたりすると、その間になされた大事な通知を忘れてしまいます。短期記憶のなかに情報を確実に保持しておくことが困難なので、

思いを込めてノートをとったり、授業中の質問にタイミングを合わせて返答したり、ノートを書き終えるまで作業記憶にいくつかの情報を留めておくことができません。長期記憶から情報を検索することが困難なので、高校修業証書を得たり卒業したりするために一か八かの試験を受ける際に、悲惨な影響を受けます。知識を自由に想起できない、極度に活力を奪い、よく学業不振に陥ります。長期記憶から情報を検索する困難は学業面以外に、適切に自己を表現し相手の意図を理解する能力をも左右し、社会技能の発達や資質に影響を及ぼします。

f. 第6群　観察（モニタリング）と自己制御

- 活動のスピードを落とし、制御するのが困難である（前もって考えずに行動し、落ち着きなく多動）。
- 「思いとどまること」ができずに、やってしまう。「行動すると」いうことには、〈する〉能力だけではなく、せずにおく能力も必要である」(Brown, 2008, p.17)。
- 世間で適切な振る舞いとして求められることを推し量ったり見極めたりすることが難しい。
- 行き当たりばったり（当て推量の連続）でなく考え抜いたうえで返答することが難しい。
- 過度に「相手がどのように反応するかに注意が向き、自意識過剰」(Brown, 1998, p.17)。(その結果、ひどく内気で、自己抑制が強く、グループ活動に参加しにくい）。

このような子どもであれば、ADHDを抱えていることを教師は素早く識別できます。いつも落ち着きがなく、目的なしに行動するために、即座に教師の目に留まるのです。制御が効かないために、他の子どもには遊んでもらえず、周囲から孤立して悩むこともあります。情緒が不安定で、共感することに苦心します。相手や相手の感情に対処することが念頭にないので、遊びの場で「何をしでかすか分からない危険人物」と見なされます。学業面では活動計画を持たず、推測に頼り、うまくいくかどうかは運任せです。計画を具体化したり、優先順位をつけたりすることがないために、最後までやり遂げるのに四苦八苦します。こうした子どもが、社会技能にどれほど苦労して、周囲にとけ込めず、極度の孤立に悩んでいるかを、敏感に察知できる生徒も周囲にはいます。

[出典：*Attention Magazine*, February 2008: Article by Thomas Brown, Executive Functions: Describing Six Aspects of a Complex Syndrome, pp. 12-17.]

8. 要 約

バークレーとブラウンは両者とも、実行機能という用語は、ゴールに向けての意図を孕んだ行動を目指す、相互に関連し合う一連の過程を集成した「包括概念（umbrella term）」だと示唆しているようだ、とメルツァーは記載しています（Meltzer, 2007, p. 79）。

バークレーとブラウンは、教育への、更には社会への適応に欠かせない自己観察と自己制御の課題が、実行機能における神経発達上の遅れにより滞ったり損なわれたりするのがADHDを抱える子どもだと提言しています。教師との関係および良好な仲間関係には何れも、実行機能の適正な稼働が大きく関わっています。表2−1「実行機能とその関連領域」に、各群に関わる学習と社会性の発達を示しておきます。

それでも、就学前の子どもの実行機能を査定する場合にいつも話題に上るのは、就学前の子どもに現実に実行機能不全が現れるかどうかという問題です。こうした議論がなされる一つの理由は、幼児の実行機能の発達は十分ではないと推測されるからです。それでも、幼児にADHDとしての十分な症状がある場合でも、実行機能モデルがこの年齢層だと適用できない可能性があります（Current ADHD Insights, 2004）。就学前の子どもを対象に実行機能を検討した研究はごく少数しかありません（Doyle, 2006）。

ADHDを抱える子どもが学業と情緒社会面で適応するのに必要なことは、ADHDの中核症状を最小にするような学習面での配慮と行動面への介入です。親と教師が、ADHDを抱える子どもに、もっと自律し、抑制を効かせ段取りをよくするよう望むのと同様に、子どもは子どもでそれなりに、実行機能における発達上の遅れに多くが起因する、この3側面のすべてで頑張っているのです。スクールカウンセラーが果たす重要な役割は、子どもの達成にプラスになる諸要素をもっと理解してもらえるよう、教師や両親を後押しすることです。また、それと同じくらい重要なことは、学校という場で教育や行動面で

表2-1 実行機能とその関連領域

認知クラスター	実行機能の種類	関連領域
活性化	まとめること 優先順位をつけること 段取りをつけること プランニング 戦略をたてること 反復進行	長期計画を立てる 数学の文章題
焦点化	集中 注意の持続 注意の移動	読解 長期計画 数学の文章題 移行 課題の切り替え
努力	敏捷性 速度の維持 処理速度 ペース取り 時間の管理 転導への抵抗	
感情	欲求不満への対処 感情の調整	衝動性 社会技能 ゲーム 課題の切り替え
記憶	作業記憶の活用 想起へのアクセス	読解力 数学の文章題 長期計画 ゲーム
活動	観察 自己制御活動 ブレーキ	社会技能 衝動性

の配慮を提唱することです。

著者としては、ADHDを抱える子どもの学業に実行機能が非常に重要な役割を果たしているのは確かですが、実行機能以外にも多くの要素が子どもの動機づけや集中に影響を及ぼしていると理解しています。実行機能が、ADHDを抱える子どもの学習や行動に重要な役割を果たしていることは、疑う余地はほとんどありませんが、実行機能がすべてではなく、読者には子どもの教育上の成果に影響を及ぼすそれ以外の要素も勘案していただきたいのです。本書で一貫して強調しているように、一人ひとりの子どもに調整された学業面と行動面での介入がなされることが必要です。決まりきったありきたりのアプローチで生徒に介入すると、生徒のニーズに合わないことがよく起きるのです。

3 ADHDを抱える子どもへの公正な対処

スクールカウンセラーなら、支援を必要とする生徒の支持者としての役割を求められることがよくあるでしょう。ADHDを抱える生徒に有効な支援をするためには、公正と公平という二つの概念の顕著な違いを理解する必要があります。

1. 公正と公平は同じではない

大抵の人間は、「公正」(fair)と「公平」(equal)とを似通った意味をもつ言葉とみなしますが、そうではありません(Lavoie, 1996)。公正とは、個人が必要とするものをそれぞれに供給することであり、各人に同じものを供給する公平とはまったく異なります。教師や生徒のなかには、この違いを識別しにくい方もいるので、スクールカウンセラーは、クライアントである子どもに公正な対応が必要であるとよく主張することになるでしょう。公正と公平とを一緒くたにする教師は、ADHDを抱える生徒に余分な時間を与えたり、OHPで提示した大体の内容をコピーして渡したりする際に、他の生徒に悪いことをしているように思うでしょう。ADHDを抱える生徒が試験を受けるにあたり特別な配慮がなされたり、宿題の内容を変えてもらったりする生徒がいると、そのことを不公平だと考える生徒もいるでしょう。それでも、公正と公平との違いを説明し、それをはっきり示すことで、子ども(特に幼い子ども)はその同級生との違いをすんなりと受け入れるものです。

ADHDを抱える子どもにとっての本当の意味での「公正」を特定な立場にとらわれずに理解するためには、そうした子どもが不自由さ(disability)を抱えていることを認めなければなりません。ADHDによる不自由さがあるからこそ、他の子どもとは違う公正な対処が必要なのです。車椅子を使う子どもが傾斜路を利用したり、弱視の子どもが眼鏡をかけたりすることを、「生徒全員がそうしていない」という理由で拒まれることがないように、教師はADHDを抱える子どもがうまくやっていくために必要な調整を行ない、教え方を変えなければなりません。

2. スクールカウンセラーの役割

スクールカウンセラーの役割は、教師が、ADHDを抱える子どもの尊厳に留意し、その子どもの人となりに寛容になり、そして同級生と同じくらい首尾よく事を運べるように授業中に機会を与えるよう指示することです (Lougy et al., 2007)。ADHDを抱える子どもがうまくやっていくためには、スクールカウンセラーの役割は欠かせません。

クライアントとカウンセラーとの良好な関係は、こうした原則を基に築かれます。この種の信頼関係が展開している場合に限り、カウンセラーとクライアントとの関わりから有効な変化が生じるのです。この信頼関係が損なわれると、カウンセラーが有効な働きをすることは危うくなり、多くの場合、取り返しがつかなくなるでしょう。いかなる治療関係においても、カウンセラーへの信頼が最重要なのです。秘密を守りながら子どもを支援し、一方で親や教師に情報を提供していく場合、それらをバランスよく行なうには難しいこともあるでしょう。ADHDを抱える生徒の要求に応えつつ教師や親を支えていくためには、協働しながら、有効なコミュニケーションの諸技法を駆使する必要があることに、カウンセラーは気づくでしょう。

3. 相談役としてのスクールカウンセラー

スクールカウンセラーは、自分の立場は相談役であるとわきまえるべきです。学校でスクールカウンセラーがADHDを抱える子どもに対処する際に果たす役割を概観するには、次の三領域の内容を理解することが重要です。

（1）倫理にかなった実務と態度の意義
（2）相談役としてのスクールカウンセラー
（3）学校での協働・相談介入モデル

a. 倫理にかなった実務と態度の意義

「カウンセラー」という肩書きは、大きな期待と責任を伴います。親か、生徒か、教師がカウンセラーに相談するとき、クライアント側は以下のような期待を有しています。

（1）カウンセラーは相談された問題について助言する権能を有している。カウンセラーが精通していないことについては、クライアントが求める援助を受けられるように適切な紹介を行うだろう。

（2）カウンセラーはクライアントにとって最善の利益を念頭に

3 ADHDを抱える子どもへの公正な対処

(3) クライアントは丁寧な対応をしてもらえる。
(4) カウンセラーとのやりとりは秘密にされる。

おき、判断し推奨する。

b. 期 待

期待とは、ある人が相談の役割や責務の許に踏み込むときに、生じるだろうと思い込むものです。つまり、相談役が、目下の状況でこうなるだろうと予期することです。期待は、過去の経験、先入観、同じような場で別の相談役から漏れ聞いた経験、さらには成果を受け入れる態勢や楽観傾向に左右されるでしょう。カンプワース (Kampwirth, 2006) 教授は、小学校教員を対象にした調査で、成果に対する事前の期待と、相談に対するその後からの前向きな評価との間に重要な関係があることを見出した研究報告を引用し、「相談業務の開始にあたって、まずは疑問の余地がない期待を確立することが必要だ」(p. 22) と示唆しています (Hughes et al. 1990)。

c. 優先傾向

優先傾向 (preferences) は、相談する側が起こってほしいと望むことですが、必ずしもそれが実現するわけではありません。教師は、通常、専門家が方向づける相談よりも、協働し合う方法に関心を向けます。カンプワース (2006) は、ほとんどの教師は専門家 (が助言を与える) モデルよりもむしろ、協働モデルや (個々の事例で) 独自の解決策

が作られる方を好むことを示す二つの研究を引用しています。教師を経験年数と担当学年によって振り分けた研究では、経験の浅い中学校教師とは協働モデルを好み、経験豊かな中学校教師は独力で問題を解決しようとするという結果が得られています (Hughes & DeForest, 1993; Morrison et al., 1994)。筆者の経験では、親もまた、学校から介入される際に、専門家主導の相談よりも協働モデルの方に良い反応を示しています。

d. 学校での協働相談介入モデル

この20年間、学校で協働相談モデルの活用が増えてきました。学校が孤軍奮闘による教育を払拭し、より協働する構造を志向するにつれてのことです。その構造は、専門家がそれぞれの手腕を備蓄し、共に意思決定や問題解決にあたることを可能にします。

協働とは、平等主義と格差解消に特徴づけられるきわめて明確な相談作業に帰するものです。協働関係では、参画する両者が同等で、一丸となって事に当たります。それは、両者が共通の目標を達成したいと望むからです (Friend & Cook, 2003)。カンプワース (2006) 教授は、「協働による相談は複数で行なわれ、専門家役は時期に応じて交替される」(p. 6)

協働相談モデルでは、誰かが専門家になる必要はないと述べます。ADHDを抱える子どもへの教育を成功させることに関わる状況の変化を導くために、各人がこぞって、特定領域における専門性を発揮するでしょう。例えば、教師や親はソーシャル・スキル・トレーニン

グ（SST）や個別教育プログラム（IEP）のような問題解決チームに、特定の分野の長所や知識をもちよります。それが、遂には生徒に最良の結果を招来します。子どもの気質や長所について話し合う際には、親こそが専門家といえるかもしれません。子どもの家族における力動が、学校での生徒の対人交流にいかに寄与するかを説明する際には、スクールカウンセラーこそが専門家といえるでしょう。また、その子どもに一番よく馴染む教育上の秘訣や調整についてもっとも良く知っているのは、一般には教師でしょう。こうしたチームの機能こそが、協働作業の根幹をなす要素の代表例であり、それには以下のものが含まれます。

- 参加者が同等であること。
- 共通の目標。
- 意思決定するうえでの責任と関与を分かち合う。
- 資源を共有する。
- 成果についての説明責任を共有する（Friend & Cook, 2003）。

協働相談モデルは問題解決の過程に留まらず、実施段階にも及びます。そこでは、チームに属する各個人が共に、成果に対する説明責任を負います。各メンバーが同じ役割を果たすわけではありません。ほとんどの場合、提案されたことを実施するのはクラス担任でしょう。担任以外の学校関係者、親、生徒は、それぞれがもつ技能を提供することで、チームに貢献します（Kampwirth 2006）。

カンプワース（2006）は、来談者や教師の貢献に対する相談役やス

クールカウンセラーの方針を受け入れる介入モデルを、ACCEPT（左記）という頭文字を用いて提示します。また、この頭文字が「協働コンサルテーションの真髄」に相当する行動を表わすと記しています（pp. 7-8）。

A（Acknowledging：承認）「計画された介入の遂行における来談者の主たる役割を認める」(p. 7)。

C（Commenting：論評）来談者が問題を解決しようとしてこれまで行なってきた努力、および努力し続けてきたことを前向きにコメントする。

C（Convincing：確信）来談者には優れた着想があること、そして（相談役が）その話を聴こうとしていることを確信させる。

E（Expecting：期待）「来談者が鼓舞されて、自ら着想を発展させていくことを期待し、また相談役の着想にも同等な比重を置くことを期待する」(p. 7)。

P（Pointing：指摘）「来談者の着想を土台にした効果的な介入の可能性を指摘すること」(p. 7) は、来談者が自分の着想の良い点と悪い点の両側面から考えることを推進する役割を（相談役が）とることに繋がる。

T（Treating：対応）来談者に対して、同等な相手として対応する。「協働モデルの特徴の一つは、相互に尊重し合う相手であるなかで、大人を団結させることである。両者は等しく専門家であり、それぞれが相手の支援を必要とし、着想を出し合い、究極の解決のために貢献し合う」(p. 7)。

3 ADHDを抱える子どもへの公正な対処　29

結論としては、協働相談モデルは、著者が学校でADHDを抱える子どもと関わる際に用いるいろいろな形態のアプローチを支持するもので、それにうまく調和するものです。相談役となるスクールカウンセラーは、家庭と学校とが前向きかつ有効な連絡を取り合うための以下の手段を提供するうえで重要な役割を果たすのです。

- 子どもに関わっている他の世話人や専門家と連絡をとる。
- 教師、親、子どもと協働するという精神をもち続ける。
- 前向きで楽観した姿勢を維持し、うまくいかない事態でも、教師、親、子どもに希望と自信を与える。

4. 教師の理解を促すスクールカウンセラーの支援

ADHDに併発する教育および対人面での困難の範囲について、教師が理解を深めるためには、カウンセラーによる援助が大切です。スクールカウンセラーの重要な役割は、ADHDを抱える生徒に向けた学級での配慮(例えば、座席配置の優先、宿題の手加減、試験時間の延長)が、公平ではないとしても、多くの場合、教育上必要な介入であるということを教師が理解するように促すことです。教師は、通常、ADHDによる深刻かつ長期にわたる配慮を受けられない場合、思わしくない結果に終わることについて、また生徒が特別な配慮を受けられない場合、思わしくない結果に終わることについてよく分かっていません。スクールカウンセラーからの情報や知見がなければ、ADHDについての誤解や思い違いのために、教師が子どもの成果に悪影響を及ぼしうるのです。

5. 学校での成果に関わる危険因子の説明

a. 学習困難

学習困難についての詳解は第4章を参照してください〔訳注 ここでは意味のLearning Difficultiesを学習困難、共に特異性発達障害を意味するlearning disability(教育・神経心理学の用語)とlearning disorders(DSMの用語)とをそれぞれ学習能力障害、学習障害と訳出する〕。

ADHDを抱える子どもの多くは、情報の入力、組織化、記憶、出力に伴う学習上の問題を抱え(Silver, 1992)、それが学業成績にも影響を及ぼします。ADHDを抱える子どもに習得上の困難が随伴することは例外ではなくごく普通のことで、そのため教育や雇用の機会を逸する度合いが高くなることが、調査により判明しています(Biederman & Petty et al., 2008)。専門家は、ADHDを抱える子どもの10%〜40%が特異学習能力障害の基準を満たすような学習障害を合併すると予測しています(Batshaw, 2002)。ADHDと学習能力障害を合併する子どもは、たいていの場合、読み書きにひどく苦労し、全般にわたる学業不振が見られます。またADHDを抱える子どもは中枢性聴覚情報処理と視覚運動機能の問題を発現する頻度が高く、それが授業でのあらゆる成果に影響を及ぼします(Lougy et al., 2007)。学習能力障害がADHDの症状を悪化させることがあり、適切な対処がなければ、ADHDを抱える子どもが早期発症型のうつ病および(または)反抗

挑戦性障害（ODD）を発症することもあります（Anastopoulos & Shelton, 2001）。

ADHDを抱える生徒は学習障害だけではなく、反抗挑戦性障害、うつ病、不安障害といった関連疾患を伴う場合、これらも学校での成果に影響を及ぼします。衝動のコントロールができないことに加えて気分障害を伴う場合、もしくはどちらか一方のみを伴う場合、時にADHDと双極性障害の合併として扱われることがあります（Findling et al., 2007）。

ADHDを抱える子どもは、環境のストレスだけでなく衝動制御の弱さに起因する行動上の深刻な問題も抱えており、教職員や同級生との交流がうまくいかないことが多々あります。常に否定が繰り返されると、社会的に孤立したり低い自己イメージを持ったりするようになります。学校での集団内孤立に加えて、ADHDを悪化させるもう一つの要因は、その子どもの学校以外での個人レベルの対人状況です（Blackman, 1999）。多くの研究で、ADHDを抱える子どもは同輩集団のなかで、頻繁に拒絶されることが示されています。時には集団のメンバーになってから数日のうちに、そうされることもあります（Erhardt & Hinshaw, 1994）。不幸にも、ADHDを抱える子どもは、他の子どもから好かれなくても、相手に好意を寄せることがよくあります。研究によれば、ADHDを抱える子どもが、このズレに気づいていないことが示唆されています（Diener & Milich, 1997）。思春期のADHDを抱える子どもは、ADHDを抱えていない同輩よりも社会活動に参加すること、また自由時間を友達や家族と過ごすことが少なくなります（Biederman et al., 2006）。

ADHDは環境が主因となって起きるわけではないでしょうが、この疾患が家庭の混乱、親の不和、虐待、その他の心理社会ストレスの引き金となり、ついには子どもの学業成績に悪影響を及ぼすことを、カウンセラーが認識していないことが往々にしてあります。ADHDを抱える子どもへの虐待は想像以上に多く（Endo et al., 2006; Rucklidge et al., 2006）、カウンセラーは子ども（特に幼児の場合）の虐待リスクの高さを十分に配慮せねばなりません。

したがって、ADHDに付随する学業面、行動面、環境面の危険因子のために、教師がADHDを抱える生徒に必要な教育上の配慮と調整をはかることが肝要なのです。残念ながら、著者は、教師からもカウンセラーからもADHDへの適切な対処がなされず、何年間も学業不振が続いたことを苦々しく思っている十代の若者に多数出会っています。公正（fair）と公平（equal）との違いを認めず、それらを同等とみなす教師は、ADHDを抱える生徒に安定した活動の場を与えるために必要な配慮を認めないことがよくあります。

6. 配慮に強い抵抗を示す教師との遭遇

カウンセラーはときに、配慮（accommodation）に関わるあらゆる提案に対して、専門家意識や個人感情のために、難色を示す教師に出会うものです。その結果、「一介のカウンセラーに何ができるだろうか」と自問する羽目に陥るかもしれません。

- カウンセラーが変化を起こすのではなく、ただ変化の機会を与えるにすぎないと肝に銘じておくことが大切である。
- 気質や経歴によっては、ADHDを抱える子どもへの指導をひどく難しく感じる教師もいる。こうした教師は「ぴったりこない」ので、特に学年が低い場合には、可能であれば、クラスを変更する方向で、周囲があらゆる努力をすべきである。
- 教師にADHDについての情報を与えることは、ADHDを抱える子どもへの共感と理解を促すための支援に、大きな役割を果たす。
- 行動変容の契機は、多くの場合、解説書によるものではなく、カウンセラーと教師との関係次第である。著者の経験では、カウンセラーが教師と前向きに協力し合う関係を確立することで、教師はよくADHDを抱える子どもに向けた配慮を前向きに行なうようになる。
- 生徒と同じように教師も、ただ批判をあびせられるのではなく、話をよく聴いてもらうことを好む。変化や理解への障壁を除去するには、共感が大いに役立つ。
- カウンセラーがどんな教師の心も動かせると考えるのは無理な話である。遺憾ながら、カウンセラーの考えとか罹患した子どもの不具合を受け止めようとしない教師は必ず存在するものである。

以上の示唆で完璧というわけではありませんが、カウンセラーが、罹患した生徒の学業および行動上の大変さを理解しそうにない教師と首尾よく共同作業を行なううえでこれらは役に立つことでしょう。

7. 親の理解促進におけるスクールカウンセラーの役割

親にADHDについての情報を与えることも、子どもが学校でうまくやっていけるように手助けしてやりたいと思っている親を、カウンセラーが支援する際には不可欠です。親は、ADHDを抱える子どもが示す学業面や対人・情緒面の大変さについて納得する必要があります。また、子どもにふさわしい教育上の配慮について明確に理解し、主張しなければなりません。子どもへの特別な配慮が「口実を与え」、子どもの学力や期待を下げることに終わると表明する親によく出会います。こういったことは、教師にも散見されます。親には、配慮が(他の子と)同じレベルの活動ができる場を作ることであり、不当な利益を提供するものではないことを理解してもらう必要があります。

親への有効な教育が、一連の前向きな結果をもたらすことがあります。親が、子どもが学校で抱える厄介さをもっと理解できるようになり、子どもの振る舞いに後ろめたさを感じずにすむようになるでしょう。

トーマス・フェラン(Phelan, 1996)には「一致協力による教育とカウンセリング」と題した章があり、そこに親と取り組む際の三つの重要な点が提示されています。

a. 誰の責任でもないという考え

「誰の責任でもない」という考えには、主に二つの含みがあります。まず、親が、子どもが不品行になったのは自分の振る舞いのせいであると罪悪感をおぼえて、自責する必要はありません。もう一つは、ADHDについて子どもの責任でもないという意味合いを含みます。

b. 症状評定尺度

親も子どももADHDの基本症状について教育を受けることが重要です。今後苦労しそうなのはどの症状か、ADHDの特性のうち軽症だったり見えなかったりするのはどれか、を両者が知っておく必要があります。

c. 自尊心ワーク

誰にでもよくあることですが、ADHDの子どもを抱える親もマイナス面を歪曲したり過大視したりして、プラス面を見過ごしがちです。親自身の自尊心を高めるワークが必要になることも多いものです。親はこれまでに行ってきたことのうち、子どもに適切だったものを思い返してみる必要があります。子どもがどうにかうまくやっていけるように、毎日大変な努力を重ねてきていることを自覚すべきです。カウンセラーは、親が自分の「失敗」だけではなく成功にも目を向けるようになることを保証するうえで、とても重要な役割を果たします。

8. 親が子どもにADHDについて話すにあたってのカウンセラーによる支援

子どもがADHDだと初めて診断されたとき、親は怒り、悲しみ、時が経つにつれ希望をもち、受け入れるといった執拗に繰り返される感情を経験することがあります（Barkly, 1995）。その一方で、子どもの振る舞いはADHDによるものだと説明がつくことで、救われた気持ちになり、有頂天になる親もいるでしょう。ついに、子どもの振る舞いへの理解が見つかったのです。これでもう、なんらかの理由で子どもを見下したり、自分が悪い親であると感じたり、親戚や学校関係者に子どもの振る舞いを弁明しようとして途方に暮れたりせずにすみます。

子どもの診断を受け入れてから、「診断について子どもにどう話せばよいでしょう」と親がカウンセラーに尋ねることがよくあります。これは大切な問題で、診断の伝え方次第で、子どもが診断と向き合う姿勢に大きな違いが生じます。診断を伝えるにあたっては、次の覚え書きが役に立つでしょう。

- カウンセラーはまず、来談する親のADHDについての理解の程度には幅があることを知っておくべきである。親の知識が貧

弱だったり、歪曲していたりする場合は、親が子どもに正確な情報を伝えられるように、親に病気について学んでもらう時間をとることが大切である。

- 親は、プライバシーが守られ、静かで、安心できる時間と場所を選ぶべきである。疑問点や混乱した感情に対処するために十分な時間をとっておく必要がある。短時間に、とっさのはずみで話すようなことでもなければ、食料品店に向けて車を運転しながら語ることでもない。何を話し、何は伏せておくかを慎重に考慮し、前もって計画した場で実行すべきである。できれば、両親がそろった所で行なうべきである。また子どもに話すときに、きょうだいなど他の家族がいないことを確認しておかねばならない。これはADHDを抱える子どもと親との話なのである。
- カウンセラーは、親が子どもに話す際に用いることのできる、明確な言葉や考え方を提示すべきである。それでも、親がどれだけの情報を伝えるかは、子どもの年齢と成熟によるだろう。幼い子どもには、それなりの伝え方がある。例えば、「ボビー、授業をちゃんと聞けるように、ママが眼鏡をかけるのと同じことよ。目がよく見えるように、この錠剤を飲みなさい。」とか「ロバーツ先生が、このお薬は自転車で速度を落とすときに役立つブレーキなようなものだと言っていたわ。」とか「サラ、あなたは集中するのが苦手だから、満遍なく話が聞けないことがあるの。自分を責めることはないわ。ママとパパはロバーツ先生に後押ししてもらって、あなたの役に立つ方法を探している

から」、など。年長の子ども（著者の想定では、だいたい9歳以上）であれば、親はもっと直截（ちょくさい）に、診断について話すべきである。その年齢であれば、親はもっと直截に、診断について話すべきであり、いかに自分の抱える困難の多くがその診断によって説明されうるかを理解することができる。
- 親が理解しておくべきことは、子どもがきちんと話を聞いていろいろ質問することもあれば、親の言葉を否定するような態度を示すこともあれば、診断を告げても何の反応も示さないこともあるなど、いろいろな場合があるということである。潜伏期の子どもでは、口論をふっかけてきたり、腹を立てたり、否認したりすることもある。子どもの反応は、親子の関係や子どもの年齢に負う部分が大きい（思春期の子どもは、感謝することもある）。子どもが理解したいとは思っても、自分が重視していることになければ、把握できない）。そして、子どもがしっかり聞いていても、いつものように散漫であっても、話をする前に行なっていたことに子どもが戻れるような形で、話を終わることが望ましい。
- 子どもを圧倒させるような系統立った説明よりも、子どもの行動や学業成績に影響を与えている、例えば、当番を覚えていない、家で必要な本を学校に置き忘れる、宿題に手間取る、学校でキレやすいなどの実例を用いることが推奨されるべきである。著者の知るところでは、年長の子どもであれば、知る必要があると思ったときに、自分でインターネットを使って科学知識を検索することが多い。
- 親が知っておくべきことは、子どもに提供する学習面および社交面での困難に対処するうえで役立つ重要な情報を、子どもが

9. 学校を考慮した親子の関係

重要なのは、包み隠さず、協力し合う関係をカウンセラーと親との間に作ることです。カウンセラーは子どもを心からまず第一に考えていて、公正で中立の立場にあることを、親が信じる必要があります。

カウンセラーは、事態がまずくなると、親に対抗して学校と手を組む場合が多いでしょう。それでも、カウンセラーが仕事に徹して、専門家としての判断に基づく実例を提示しさえすれば、たいがいの場合は、学校側の手先にすぎないとみなされてはいけません。カウンセラーが管理者や教師の決めたことに対して、疑義をさしはさむのは難しい場合が多いでしょう。それでも、カウンセラーが仕事に徹して、専門家としての判断に基づく実例を提示しさえすれば、たいがいの場合は、攻められたとか、裏切られたという気持ちを相手に引き起こすことなく、受け取ってもらえるでしょう。

スクールカウンセラーが、家族の精神保健や夫婦間葛藤に介入することは難しいでしょうが、親の教育の仕方には強い影響を与えることができます。ただし、これは信頼関係があればの話です。スクールカウンセラーの援助があれば、親は、家庭での子どもの厄介な振る舞いが、学校での経験にどのような形で結びついているかを理解できます。家庭でADHDについての理解が深まると、学校のことでも、子どもに対してもっと前向きな見通しをもてるようになります。

a. 親・家族査定は重要である

包み隠すことのない信頼し合える関係が築かれている場合、カウンセラーは、学校での子どもの困難の一因となる親のストレスだけでなく、長所についても評価することができます。親を評価するうえで重要なのは、次の3点です。

(1) 精神保健上の問題はないか（親のうつ病、アルコール依存症、不安障害、治療されていないADHD）。

(2) 夫婦間葛藤（ADHDを抱える子どもの両親は離婚率が高いようである）。

(3) 子どもの学校や家庭での振る舞いにADHDがどう関与しているかについての親の理解。

成長するに応じて、より多く取り込めるようになるということである。親がそれまで学んできたことを一、二回の話し合いで子どもに一気に伝えるような負担を、子どもにかけてはいけない。

・親とカウンセラーは、薬物療法だけで対応するのではなく、医師に相談するべきである。薬物療法について話す場面では、子どもの担当医の関与や推奨が重要となる。医師には、親が子どもと薬物療法について話す際に役に立つ知識と経験とがある。

3　ADHDを抱える子どもへの公正な対処

b. 共感と理解に基づく公正

ADHDを抱える子どもが学校で極めて大きなストレスを感じていることを、教育する側が理解するのは難しいことが多いものです。ADHDを抱えていない子どもが、適度に支えられ、促されるだけで取り組めるような毎日の校内活動に、ADHDを抱える子どもは日々苦労しているのです。

c. 教師はADHDを抱える子どもと同居していない

障害には見えにくいADHDを抱える子どもは、特に学校で苦労するということを、教育者が納得できない場合の一つの理由は、ADHDを体験としてではなく概念として捉えているからです。教育者がADHDを抱える子どももしくは大人と同居するとか、親戚や友人として緊密に関わることがなければ、この病気について教育を受けることなしに、こうした子どもが抱える困難についてものを申すことはできません。

d. 教師は親子間葛藤の内情を知らない

教師は、多くの場合、ADHDを抱える子どもの家庭で、毎日のように起こる学業をめぐる目下の諍(いさか)い、悲嘆、欲求不満、落胆の内情を知っているわけではありません。親は子どもが学校でうまくやるための手助けをしようとして、どうすべきかをめぐって紛糾しています。宿題をめぐる夜ごとの口論、子どもの不品行についての学校からの電話、子どもがクラスメイトの間でどんどん孤立し疎外される成り行きを前に、親は次第に意気消沈していきます。親子の不和が続くと、両者間に隔たりができ、どちらにとってもひどい苦痛となるでしょう。悲嘆を抱く親は、自分の喪失感をほとんど理解してもらえないと知り、自責の念に駆られます。子どもとの絆が失われたように感じながら、それを言葉にできずにいるかもしれません。暗雲の兆しに目を向けるばかりで、それが去っていくことへの確信も希望も持ち合わせていないのです。

e. 学校が親子間でなされる癒やしを困難にする可能性

学校が、持続する外部ストレスとなり、親子間での癒やしを困難にすることがあります。またもや電話が鳴り、スミス学校長と回線が繋がります。親はといえば、深呼吸し、動揺しながら、「はい、スミス先生。どういったご用件でしょうか」と答えます。スミス先生の要件は、8歳の息子ボビーが運動場で他の子どもを叩いたことでした。ボビーを押さえつけて、職員室へ連れて来たので、迎えに来てほしいとのことです。母親が今直面しているのは、子どもが学校から追い出されるというだけではなく、この絶望というべき状況に対処するために、上司の顰蹙(ひんしゅく)を買うことになる、職場を抜け出す方法をまたもや見つけなければならないという屈辱なのです。母親は、ボビーを家に連れ帰り、解決にはならないと分かりながらも、タイムアウト〔訳注　学校や家庭において、悪いことをした

子どもを反省をさせる方法として、自室にこもらせたり、椅子に座らせたりして、数分間じっとさせておく行動療法の技法〕をするのです。方策のないお手上げの状態なのです。またしても、母親を落胆させ動転させていると考え、気持ちが鎮まらない子どもに向き合わなければなりません。

f. ADHDを抱える子どもの親は、学校からの連絡を嫌うことが多い

残念なことですが、学校から親への連絡というものは、子どもが素敵な一日を過ごしたことではなく、教師や他の子どもとの口論や校則違反についての報告です。ADHDを抱える子どもの親の常として、学校からの連絡を嫌がります。電話に出ることも、架電しなおすこともせずに、学校との接触をいっさい回避しようとすることすらあります。

親の疎外感や子どもの学校でのごたごたについて教師側の共感が足りないという親の思いを教師が受け止めて、撥ね付けないことが必要です。親が、教師や校長に怒りを抱く背景には、親が子どもの障害のために奮闘していることや、子どもが苦悶していることを、まったく理解してもらえていないと感じていることがあります。配慮を希望する親の訴えは単なる言い訳にすぎず、子どもが学校でうまくやる方向とはほど遠い干渉にすぎないと、教師からみなされているように親は感じているのです。

10. 気持ちを汲み取れる教師

面倒見がよく、隠し立てをせず、相手を受け入れる、気持ちを汲み取れる教師ならば、ADHDを抱える子どもが学校でうまく振る舞えるようになり、ADHDを抱える子どもの潜在力を引き出すのに役立つ、今とは違う対応策を模索するでしょう。

a. 気持ちを汲み取れる教師となるために欠かせない原則

- 公正 (fair) と公平 (equal) とが同じではないことを受け入れている。
- 学習におけるユニバーサル・アクセス〔訳注 国籍・年齢・性別・障害など誰もが同じように情報を得られる状態〕およびユニバーサル・デザイン〔訳注 国籍・文化・言語・老若男女といった差異、障害・能力の如何を問わず利用できるようにした施設・製品・情報の設計〕の概念を理解している。
- 生徒の必要に応じて教育戦略を改変し、維持していく天賦の才がある。
- 公正の理念を明確に理解しており、子どもに合わせた方策を不正とか不公平とは考えない。

11. ADHDという気づかれにくい能力障害(Disability)によって、子どもが成功できないわけではない

ADHDを抱える子どもは授業に参加する時点で大きな困難を背負っており、能力を試すことになることはあったとしても、成功への道を辿りうるのだと強調することが大事です。ADHDや学習障害と闘いながら、国際規模の活躍を遂げた幾人かの成功者が知られています。ヘンリー・ウィンクラー、トム・クルーズ、ビル・ヒューレット、ビル・ゲイツ、ブルース・ジェンナー、チャールズ・シュワッブといった面々は、学習面の問題で四苦八苦しましたが、米国ではもっとも出世を遂げた人物といえます。気づかれにくい能力障害があるからといって、目標を達成できないわけではないのです。

12. 公正を確保する道しるべ

公正を保証するための道しるべは、すでに先人によって描かれています。ADHDを抱える生徒は、能力障害を抱える子どものための連邦法による保護を受ける資格を有しているのです。ADHDのために学校で力を発揮できない子どもに配慮することは、一般にも通用することであると理解しておく必要があります。学校には、ADHDを抱える子どものために、差別を撤退させ、必要に応じて特別に計画された学業面での教授法を供与することが法律によって要求されています。

ADHDを抱える子どもと取り組む際に、より大きな成功を収めるために欠かせない道しるべについても話題にします。

a. 目的別に細分化された授業

ADHDを抱える生徒は、行動面でも学業成績にも遅れをとることが多々あり、目的別に細分化された授業環境を提供する重要性をいくら強調したとしても過ぎることはありません。

目的別に細分化された授業をする教師は、個々の生徒が知識量、学習意欲、言語技能、勉強が好きかどうか、興味、耐久力、成熟度においてそれぞれまちまちであることを認めています。

ADHDを抱える子どもは、成熟という点では発達上の遅延が見られ、そのことが他者との関わりや学業面への意欲に悪影響を及ぼします(表3-1を参照)。

表3-1　発達プロフィールの典型

ADHDを抱える子どもと他の子どもとを比較する場合、定型発達の節目が参考になります。これから述べていきますが、ADHDを抱える子どもは、以下に述べる発達段階の多くを乗り越えるうえで、努力を要したり、立ち遅れが見られたりすることがよくあります。

フィリス・ティーター (Teeter, 1998, pp. 110-149, 201-238) は、以下のような概念のもと、児童期中盤から思春期にいたる発達段階を概略しています。

児童期中盤の段階（6歳〜12歳）

児童期中盤の特徴は、家庭、学校、対人関係で自制心、協調、遵守、独立に関して、それまでよりも周囲の期待が高まることである。それでも、こうした発達領域は、気質、注意力、自制心、遵守といった子どもの要因と互いに影響しあうものとして捉えるべきである。また、家庭環境、教師との関係、期待される程度、子どもに課せられる要求といった環境要因とも相互に作用しあう（Teeter, 1998）。

☆ 主導と自尊
- 能力を駆使した結果として成功を捉える。
- 自ら達成したことの評価が現実的である。
- 自身を仲間と比較する。
- 人を受け入れる力があることに気づく。

☆ 自己調整と自己統制
- 思ったことを心中に留める度合いが増す。
- 一時の感情に駆られた思考や行動を統制するのに長けてくる。
- 振る舞いの結果を予測するようになり、それに従って行動を変える。
- 攻撃や自分中心の振る舞いが少なくなる。
- 周囲からの期待を意識するようになる。
- 話し言葉や言葉遣いが発達するため、問題解決能力が増進する。

☆ 認知発達
- 保存（大きさや形が変わっても、特性は変わらないという概念）、分類（一群の物を区別する能力、すなわち物と物との差異と類似を識別する能力）、記憶に大きな発達上の変化を遂げる。
- 学ぶ自分と知る自分とに気づき、学ぶための戦略を駆使し、評価し、記憶法を培うことができる。

- 語彙と言葉の能力が急速に発達する。
- 記憶容量が増加する。
- より多くの情報を記憶するように要請されると、系統だった方策を模倣し、記憶に役立つ繰り返し戦略を用いる。
- 注意の統制（さらなる集中）が急速に培われる。

☆ 情緒面の発達
- 出来事や場面に対する情緒反応の調整が上達する。
- 自らの気持ちとそれらを表出する際の決まりについて認識を深める。

☆ 社会化と仲間との交流
- 社会の中で繋がっている人々の間で、帰属もしくは役割り意識を深める（「ボクはエジソン学校の6年生です」）。
- 他人が何を考えているか、どう感じているかによく気づけるようになり、相手の気持ちを汲んだうえで、自分のやり方を変える。
- 共感力を強化し始める。
- 友達関係のパターンの変化——親密さや友情を土台にした友達を作る。
- 問題解決技能を習得するために、友情の存在が重要になる。
- 頑に規則を守る。
- 親の価値感に従ったやり方をとる。

☆ 学校での適応
- 学校でうまくやれると、学力についての自信や自分には適性があるという感触が高まる。
- 学校を、自己効力感〔訳注 ある行動や課題を「自分が達成できる」という信念または自信〕をもつのに必要な場とみなす。
- 読字、算数、書字、会話における学業上の適性を高める。

青年期（12歳～20歳）

一般に、青年期の始まりはおよそ12歳で、概ね20歳までの年齢層とされる。ADHDを抱えていない子どもにとっても、青年期は自分の能力や資質をめいっぱい行使すべき時期となりうる。青年期にうまく適応できるかどうかは、多くの場合、児童期の発達課題にどれだけうまく対処できたかによる。従って、発達段階初期での早めの介入や支援は、十代の子どもが直面する困難の緩和を伴う事実があることから、発達のこの段階にあるADHDを抱える青年期は大きな混乱を伴う事実があることから、発達のこの段階にあるADHDを抱える青年を支援することの重要性はいやおうにも増す。

☆ 身体的・性的成熟
- 性徴の急速な変化を経験する。
- 身体面の変化が生じる時期には、個人差がある。
- 身体面の変化が始まる年齢の個人差によって、社会・情緒面での適応が左右される。
- 性のことで頭の中がいっぱいになる。
- 性的活動に影響を及ぼすものとして、養育のされかたや家族の結びつきが挙げられる。

☆ 認知と知性の発達
- 形式的操作思考（抽象思考、仮説構築）の出現。
- モラル・ジレンマ【訳注：例えば、貧しい家庭の子どもが、親の病気のために薬局で薬を盗むことの善悪を問われるといった板挟み状態】を解析し、世の中には白黒つけがたいことも多いと理解する。
- 学習における自己責任に目が向く（成果を解析し、この先どうなるかを予測し、良い結果を出すために学習の仕方を変える）。
- 自己本位で考える。みんなに注目されたり話題にされたりしていると信じ、自分には独創性があると思い込む（「こんなふうに感じるのは自分だけである」）。
- 自分が脆弱であることやリスクを持っている可能性を過小に見積もる。
- 心の内部で自己統制をする率が増える。

☆ 心理面・対人面での発達および自我同一性
- 人としてのもしくは自分としての一貫性の発達。
- たっぷりと時間をかけて、自己を観察し、評価する。
- 感情および身体イメージは、自己認識における重要な側面である。
- 親と十代の子どもとの張りつめた関係。
- 自由と友情とを最重要視する。
- 仲間内での立場に重きを置く。

教師は、こういった特定のニーズに対して、さまざまな説明（instruction）を戦略として用いて応じなければなりません。教師は以下に記す「内容」「過程」「成果」の三領域で、説明の仕方を調整します（Gregory & Chapman, 2007; Tomlinson, 2000, 2001）。

内 容

説明の内容には、教える基準もしくはカリキュラムがあります。内容について細分化する教師であれば、生徒がある目的や基準に到達する方法を数多く例示します。そして、目標に添うよう重大な特徴を強調し、生徒が目下の問題をこれまで学んで来たことと関連づけることができるよう補助となる基礎知識を提供します。

過 程

個々の生徒のニーズに合わせて、説明の仕方をどのように個別化す

るかが、過程に当たります。過程に違いをつける教師は、支援のもとで実際にやってみる機会を何回も与えながら、マルチメディア（複合媒体）形式の情報を提供します。そして、ADHDを抱える生徒までも含めたすべての学び手を引き入れるような戦略を採用します。

結果または成果

授業を細分化することで、生徒は技能を達成するために柔軟な型や変法を用いられるようになるだけでなく、目的を達成したことを示す機会を増やします。結果または成果に違いをつける教師は、多くのカリキュラムの目標に合わせて、さまざまな課題を作り出す柔軟性を備えています（Lougy et al. 2007; Smutney & von Fremd, 2004）。

b. 細分化された授業を提供することへの抵抗

残念ながら、教師がADHDを抱える子どもに関わることになっても、そうした子どもにもっと実りの多い魅力のある教育環境を与えようとしないことが往々にしてあります。著者は、学習モデルや授業設定の代替案がなぜ採用されないかについて多くの理由を聞きました。そのうちのいくつかを記します。

- 「違う教え方をしたところで、ADHDを抱える生徒は手に負えないままでしょう」
- 「生徒どうしの話し合いを認めたりすると、もっと課題に取り組まなくなるでしょう」
- 「生徒に話し合わせたり、関わり合わせたりすると、学級経営が成り立たなくなるでしょう」
- 「騒々しいだけでしょう」
- 「ADHDを抱える子どもを課題に取り組ませ続けるなんてできません」
- 「ADHDを抱える子どもはずるくて、グループの他の子に作業を丸投げします」

情報提供者であると自認している、従来通りの教師からすれば、細分化された授業は異様に見えるでしょう。細分化された授業では、生徒はさまざまなやり方で、仲間と話し合い、内容をつきあわせ、学習に引き込まれます。ADHDを抱える生徒は、さまざまな方法で内容を提示され、仲間と関わり合う機会が与えられる授業のなかでうまくやっていきます。

授業の差別化を渋る教師は、毎日の授業での指示に配慮することにも、以下のようなさまざまな理由から不承不承です。

- 「あいつはADHDの診断を言い訳に使っている」
- 「もともとやる気がない子に、どうして課題を減らしてやらねばならないのか」
- 「ADHDを抱える生徒だけにテスト時間を伸ばしてやるのは、他の生徒の手前、平等でない」
- 「ADHDを抱える生徒だけに例外を認めると、他の生徒から同じことを要求されるはず」

3 ADHDを抱える子どもへの公正な対処　41

- 「クラスには36人も生徒がいるのです。ADHDを抱える生徒だけ特別な配慮をする時間などありません」

こうした言い分は皆さんにも馴染みがあり、ADHDを抱える生徒に対してこのような気持ちのいくらかを抱いたことがあるかもしれません。教師がそれなりの融通をきかせようとして、四苦八苦することがよくあるのは無理からぬことです。責任感の強い教師であれば、相手を思い通りにしようとしたり、言うことをきかなかったりする生徒の振る舞いを悪化させようとは望みません。またADHDを抱える生徒が「ただ怠けている」のか、それともひどく散漫で集中に遅れがあるため、圧倒されて動きが取れないのかを、見分けることは容易ではありません。第4章と第5章に、カウンセラーの役に立つガイドラインを提示しますが、それは本来のADHDの症状に起因する振る舞いと相手を思い通りにしようとする故意のものとを区別するためのものです。

c. 配慮することの重要性を教師と話し合う

ADHDを抱える生徒に配慮することについての、教師とのカウンセリングや話し合いの際には、以下の三点を押さえておくべきです。

- ADHDを抱える生徒のほとんどは、授業にほんの少し配慮するだけで、もっとうまくいく可能性がある。
- 同じADHDでも、学校で深刻な機能不全を抱える場合には、配慮することが公民権法により保証されており、教師がそれを無視したり、却下したりすることはできない。
- 子どもの診断が的を射たものであるかどうかについての教師の思惑がどうであれ、第504条項あるいはIEP（個人教育プログラム）のもとでは、ADHDを抱える生徒に公正かつ適切な配慮をすることを拒否できない。

したがって、スクールカウンセラー、学校心理士、外部コンサルタントによるADHDについてのトレーニングが、スタッフの教育には欠かせないのです。特に重要なのは、学校管理者がトレーニングに関与し、ADHDを抱える子どもとクラス担任との両者への支援を、必要に応じて積み重ねていく重要性を理解しておくことです。

d. 適切な教育上の配慮

特別なニーズをもつ子どもを担当する場合、連邦保護法に則った適切な介入法を知ることになるでしょう。カウンセラーとしては、こうした段取りを理解することで、共に作業にあたるスタッフや親への教育が可能となるのです。

ADHDを抱える生徒のほとんどは、特殊教育による介入よりも、むしろ学習上の不備を補えるよう授業や教示の配慮を必要としています。利用可能な介入について理解しておくことが重要です。そうすることによって、介入への対応（RTI）〔訳注　学習の問題を抱えている子どもへの早期かつ効果的な援助を提供するよう設計され、米国で使用されている教育による介入の一つ。知能指数と学業成績との不一致などに注目〕、第504条項、行動支援計画

e. 特殊教育に先立つ予防と介入

（BSP）といった、ADHDを抱える生徒の学習と行動の両側面でのニーズを支援する、特殊教育の介入に至らずにすむのです。

介入への対応

介入への対応（RTI）は、生徒のニーズに合わせた質の高い指導と干渉を提供する取り組みです。単なる差別化のような響きがあるかもしれませんが、実際には、教育上の決断をするために、計画性のある頻回な経過観察と子どもの反応とを組み入れたものです（Batsche et al. 2005）。RTIは、2004年に制定された障害者教育法（IDEA）に記載されている学習能力障害（learning disabilities）を抱える生徒を特定する手順です。RTI方式では、学習にリスクのある生徒に早期から介入しますが、調査結果によれば、この方式を採用した成果として、その後、特殊教育を必要としなくなる生徒もいたとのことです。この方式で学習能力障害であるとみなされるためには、子どもが特殊教育導入前に供与される強力な介入に「無反応である」ことが必要です。学習能力障害であると識別されるには、単に認知技能と学業成績とが一致しないというだけではなく、こうした介入に反応しないという経過を辿ることが必要です。この方式によれば、早期の介入から恩恵を受ける生徒にとって期待がもてそうなのです。生徒の能力と成績の間に深刻な格差が現れるまで待つ必要はないのです。

ADHDを抱える子どもは、注意を維持する力の弱さのために、授業中、マイナスの影響を受けています。それゆえ、低学年では基礎教科の進歩に専心することができません。その結果、学年が上がるにつれ、学習でのギャップが増大し得るのです。RTIモデルは、そのようなギャップの拡大を防ぎ、子どもが特殊教育による支援を必要としない状況の創出を目指しています。早期介入がなければ、こうしたギャップは高学年になって、ことさら問題になります。高学年では、学業を成就するために基礎教科を習得することが不可欠だからです。習熟度が低いと、学習能力障害を抱える子どもは挫折を感じることが多く、また青年期になると「あきらめの境地」に陥るおそれがあります。このような状況では、中退したり、卒業できなくなったりするリスクが特に高くなります。ADHDの中核症状のいくつかに薬物治療が有効ですが、学習能力障害に狙いを定めた薬物治療はありません。しかし、成長や強化を促し、あるいは多くの種類の学習能力障害に伴うさまざまな教育技法や戦略は存在します（Lougy et al. 2007; Lougy & Rosenthal, 2002）。

実行機能のいくつかに対する中枢刺激薬の効果は疑わしいという報告があります。中枢刺激薬は実行機能の中でも注意保持と言語学習には役だっているようですが、干渉制御【訳注　目下のテーマに関係のない情報処理を行うべく自然に生じてくる反応傾向を抑制する能力】（過程を阻止したり、より統制のきいた行動をとうべく自然に生じてくる反応傾向を抑制する能力）と処理速度には効果がないようです。中枢刺激薬による治療の効果がもっとも乏しいのは、「組織化／プランニング」でした。その研究者は、この研究結果が「刺激薬によるADHD中核症状の改善と学業成績との明白な解離を説明する糸口」になる可能性を示唆しています（Biederman & Seidman et al. 2008, p.1154）。ですから、この研究は、ADHDに罹患した子どもの多くが最善の支援を見出す

f. 行動支援計画（BSP）と行動介入計画（BIP）

ために、心理教育と薬理学上の介入の両方が必要だということを示唆しているのです。

ADHDを抱える子どもの多くが学習能力障害を合併するという事実を認めることで、RTIによる介入と予防の体制が、ADHDを抱える生徒が授業中よく遭遇する困難への対処に役立つのです。

ADHDを抱える生徒についての協議は、多くの場合、行動上の問題を軸に展開します。スクールカウンセラーであるからには、ADHDを抱えるクライアントが前向きで、適切な行動を培うよう支援するという重要な役割を担うでしょう。ADHDを抱える子どもが学校で適切な振る舞いを発展させることにかかわるスクールカウンセラーの役割と責任については、第5章で取り上げます。ADHDを抱える生徒が素行に問題があると誤った決めつけをされないように、繰り返しになりますが、子どもの学校での振る舞いを前向きに進捗させる予防と介入の段取りを承服しておくことが重要です。

学業面での介入以外に、RTIには行動に関わる構成要素もあります。RTIアプローチを採用している学校では、全校あげての行動改善支援が展開されています。こうした学校ぐるみでの行動への一貫した枠付けは、ほとんどの生徒のニーズに応えるものでしょう。学校にこのような気風があると、何を期待されるかがどんな懲罰を与えるかではなく、どうしたら行動を好転させられるかについて考えます。このように予防に重点を置くという場合には、期待される振る舞いに対して生徒がどう頑張れるかが観察されることになります。そして、こうした生徒には、以下の介入が必要となることがあります。

行動支援計画

スクールカウンセラーは、適切な振る舞いを育成するよう、的を絞った支援を直接与える際のまとめ役を果たします。二番手の介入も見込みがないことをデータが物語る場合には、問題解決チームは行動支援計画（BSP）を展開することになるでしょう。この計画が作られる目的は、子どもに問題を引き起こす行動にとってかわる行動を展開させることにあります。この計画には、子どもの教育に関与する関係者全員による当を得た協力や支援が必要となります。

行動介入計画

行動支援計画が首尾よくいかない場合、子どもに情緒障害やそれ以外のハンディキャップがないかを評価しておくことが妥当でしょう。特殊教育を体験している子どもが、特別な教育を受けているにもかかわらず、行動面でのごたごたが続く場合には、有資格者チームが実用意図にかなう（functional）行動分析〔訳注　問題行動がどのような目的で、またどのような状況で生じるかを明らかにし、より適切な方法を模索する〕を行ない、行動介入計画（BIP）に繋げます。この計画は、学校心理士などの専門知識をもとに作成されますが、計画を実施するにあたっては、スクールカウンセラーが主導役割を果たすでしょう。この計画は、すでに個別教育プログラムがあり、適切な代替行為を展開するために強力な介入を必要とする生徒に向けて計画されています。

g. 第504条計画

ADHDの診断を受けながら、特殊教育における特別に計画されたた学業面での教示を必要としない子どもには、1973年に制定された身体障害者法第504条がそのままあるいは修正を加えられた形で、適用される資格があります。ADHDを抱える子ども全員が、現実には配慮を必要とするわけではないのだと心に留めておくことが重要です。なぜならば、条文によれば、障害とみなされるには「……学習を含めた、主要な生活活動にかなりの支障を来している」という条件があるからです(Section 504, 34 C.F.R. §104.3 [j] [1] [ii])。子どもが学校で学んだり、うまくやったりする能力がADHDにより制限されるのであれば、この公民権法による配慮が考慮されます。こうした配慮によってADHDを抱える子どもにも、以下のような形で与えられます。

第504条計画は特殊教育用の文書ではなく、現場の特殊教育担当者が第504条計画に則った提案や支援を提供するよう求められることが多いものの、その職責を担わされるものではありません。特殊教育担当者は課題に取り組ませるために場所を変えたり余分な時間を設けたりするといったなんらかの配慮にも携わることでしょう(Lougy, et al. 2007)。第504条計画に則った配慮は、日々の教室の活動でも、あらゆる学校、地区、州規模の評価でも許容されています。以下のことを報告しておかなければ、著者の怠慢になってしまうでしょう。すなわち、第504条に違反しても何のお咎めも受けないと誇示する学区があるとか、ADHDの子どもを代弁する一部の人たちが主張していることです。その代弁者たちの指摘によると、第504条はかなり骨抜き法です。というのも配慮を怠るのは違法でありながら、それによってなんら法律上の罰則を科せられないからです。したがって、代弁者の感触では、ADHDを抱える生徒が学校で困りきっている場合、504条は最良の保護にはなりえないでしょう。そのような状況では、むしろ個別教育プログラムによる保護が最良の保護であると主張されています。しかし、こうした援助とはある生徒とがまったく同じ成果や学業成績を修めることを要求されているわけではない」(Section 504, 34, C.F.R. §104. 33 [b] [1])。

この多くの支持を得た公民権法は、国家財政による援助を受けたプログラムにおいてハンディキャップを抱える個人の権利を庇護し、障害を有する誰もが障害のない同輩と格差のない権利や機会を保証するものです。第504条計画は特殊教育用の文書ではなく、現場の特殊

h. その他の健康障害

ADHDと診断される子どもはよく学習能力障害を併存しますが、ADHDを抱える子どもの一部は、「特異性学習能力障害（specific learning disability）」と分類され、特殊教育の対象となるかどうかの検査を受けます。ADHDと診断され、学業全般にわたって深刻な影響を受けている子どもは、国家による認定障害であるその他の健康障害として特別教育の対象とされる可能性があります。これは、ADHDによる学業への影響が緩やかな大多数の生徒にはめったに指定されず、通常は薬物治療や行動療法が奏効せず、教育の成果をあげるために、個別教育プログラムに基づいた特殊教育による毎日の特別な教育支援を必要とする子どもが対象となります。(Lougy et al., 2007)。

13. 要 約

教育上の配慮や授業の工夫がADHDを抱える子どもの学習支援になるということを教育者が理解するのを補助することが、スクールカウンセラーの役割です。こうした理解が得られれば、生徒は成功を納め、動機づけを高め、その結果として自尊心は向上するでしょう。子どもが示す特異な資質や才能が疑問をもたれることなく理解されれば、子どもは間違いなく学業で成功するでしょう。スクールカウンセラーに役立つ方策については、この後の幾章かで提示しますが、教師など他の学校職員がADHDを抱える子どもとさらに効果がある取り組みができるように、スクールカウンセラーが支援する際にその方策を役立たせることが望まれます。

ADHDを抱える子どもに公正に対処することは、どうやら、法律に従い、子どもが学校でうまくやっていけるのに必要な配慮や教育上の方策を与えることを保証することのようです。教師、学校管理者、学校心理士、スクールカウンセラーは、先の明るい学校の雰囲気を創出することに貢献することができます。そうしたことが、ADHDを抱える子どもが公正に対処されること、毎日の学校生活がうまくいくことを約束するのです。

4 授業での方策
——生徒の成功を導くコツ

シルヴィア・L・デルヴォ

アカウンタビリティ（説明責任）を問われる時期がくると、卒業して法定貧困レベル（poverty level）以上の生活をする力があるかどうか、一か八かの試験を受けることになりますが、ADHDを抱える生徒が、勉強が分からないまま放置されるのを防ぐためには、スクールカウンセラーによる介入が不可欠となります。

1. 変化を引き起こすスクールカウンセラーの役割

変化は厄介なことです。変化は心地良くありません。変化の道を勇んで歩む人はいないでしょう。平穏無事に暮らし、できるだけ波風が立たないようにしたがるものです。その心地良い状況を脱するには、通常、後押しされたり、つつかれたりすることが必要です。スクールカウンセラーであれば、相手に変化を強いる、嫌われ者の立場の自分に気づくかもしれません。ヴィゴツキー（Vygotsky, 1978）の教育に関する研究によれば、学習というものは最近接領域〔訳注 子どもが新しいこと に挑戦するとき、独力でそ

ADHDを抱える子どもはよく学業にとてつもない時間を割きますが、通常、それが成績の評価に反映されることはありません。多くが学習能力障害を併存しているため四苦八苦しながらも、6割〜9割が徒労に終わるのです（Stein et al. 2002）。

見た目では分からず誤解されやすいADHDという障害は、子どもに携わるクラス担任やその他の専門家からは認識されないことが多く、スクールカウンセラーがその子に注目することとなるでしょう。正当な認識の欠如から誤解が生じ、ADHDを抱える子どもにとっては、毎日通う学校が暗雲で覆われることになります。こういった子どもが参加しなかったり、指示に従わなかったり、おびただしい課題を指定日までに終わらせなかったりするのは、故意のことではないと教師が気づいたとしたら、こうした生徒が学校でもっとうまくやっていけるように自分の教え方を変えたいという気持ちになるのでしょうか。スクールカウンセラーによる介入がなければ、教師は怠慢きわまりない指導法である、注意力および授業を聞いてノートを取る力に比重が置かれる現状の教え方を続けることになるでしょう。

4 授業での方策──生徒の成功を導くコツ

つれができる部分と、他者が少し手助けをしてできる部分とがあり、その二つのレベルの格差が成長の可能性であり、個人により異なる〕で起こります。

子どもの目下の知識あるいは技術を少し超えたレベルの内容や課題を提示する教師は、この考え方を採用しています。ADHDを抱える生徒のニーズを満たすべく、現行の教授実践に必要な変化を引き起こそうとするスクールカウンセラーも同様の方策を用いる必要があるでしょう。説明責任という考え方から、教室および教師は新しい実践を取り入れなければならないところにきており、変化を避けることはできません。しかし、いったいどうすればスクールカウンセラーが教室に入り、放置されていることが多いADHDを抱える子どものニーズを教師が満たすことができるように支援することができるのでしょうか。

a. 相談と支援

スクールカウンセラーは、特定の生徒への対応に悩んでいる教師から、専門家として援助を求められ、相談されるという特殊な役割を担います。この過程に問題解決チーム、相談されるという特殊な役割を担います。この過程に問題解決チームが関わります。このチームは特定の子どもに注目し、次のような質問をします。何が問題なのですか。どうしてそうなっているのですか。どうなったら解決しますか（Tilly, 2008）。カウンセラーはこの重要なチームの根幹を担います。問題解決チームに援助を要請するときこそ、スクールカウンセラーの絶好の出番です。スクールカウンセラーは、教師が問題の原因と、問題を軽減するためにしなければならないこととを特定するための支援を行います。スクールカウンセラーは指

導や教育戦略 (instructional strategy) の専門家ではないでしょうが、カウンセラーが相談という形で教師を支援するための方策を提供しようと試みます。この章だけで、効果が実証され、利用可能な教育戦略をすべて網羅することはできないので、生徒の学習を高めるために最適だという調査結果が出されごく普通に用いられる方法に焦点を絞ります。この調査は特にADHDを抱える生徒に向けてのものではありませんが、本章で取り上げる有効な教育戦略は、ADHDを抱える子どもの学習における事例に即したニーズに応えるものとなるでしょう。

2. 学業面での大変さを理解する

ADHDを抱える子どもはその振る舞いのために、よく、怠惰、やる気がない、杜撰（ずさん）だと言われますが、こうした誹謗中傷による自尊心の低下以上に、学業面での大変さが深刻な結果をもたらすことが多々あります。ADHDを抱える生徒は学校で苦闘しています。来る日も来る日も、他の生徒であれば経験せずにすむ難題が続出します。能力障害と具体性のある配慮および学業戦略 (academic strategy) のニーズを理解してもらえなければ、日々、不安と敗北感がもたらされます。さまざまなことにおいて、「ちらりと見て、ちらりと聞いて」学ぶことを強要されているのです (Denckla, 2007)。

第3章で述べたとおり、学校での苦労は、学校にいる間だけでなく、家庭での親子関係にも影響を及ぼします。ADHDを抱える子ど

もは、授業中に終わらせることができなかった課題を家でしてくるように言われることがありますが、もちろん、その日の宿題も出されます。宿題は終わりそうもない、辛い、面白くないものです。学年が上がるにつれて、宿題との格闘はさらに激しさを増します。

ADHDを抱える子どもは、授業中に出される指示や概念をいつも理解しているとは限りません。そのために、同級生に電話で聞いたり、どこかに置き忘れた宿題のプリントを捜したり、親が忙しかったりぼんやりしていたりして宿題について問い質さないことを祈ったりしながら、不当な時間を費やす宿題について訊ねようものなら、第三次世界大戦が勃発します。スクールカウンセラーは、学業面での懸案事項に学校で取り組んでおくことが、家庭で宿題を巡る「和平を維持する」方法を親子が見つけ出すのに役立つことが多いことを知っておく必要があります。

a. 書くという難題

ADHDを抱える子どもの学習面での弱点としてまず特定されるのは、書字です(Lougy et al. 2007)。文字を書く過程には多くの技能が関与し、大変な苦労を伴います。さらに、ほとんどすべての教科で、知識を獲得したかどうかを書くという反応で証明するよう求められます。書字の技能が劣っている生徒は、授業内容について十分な知識を得ていたとしても、良い学業成績を修めることはほとんどありません。こうした生徒は、順序立てて考えを体制づけるのに役立つ優れた実行機能に関する技能（第2章参照）が不足しているために、奮闘します。

計画を立てて、最初に取り組むことを決める実行機能に問題があるため、書き始めるのに四苦八苦します。書き始めるにあたっては、割り当てられた主題の内容を吟味し、別の言葉に置き換え、柔軟に考えて、「想定した〈その場にいない読み手〉に通じる」完結した考えを練り上げる必要があります(Meltzer & Krishnan, 2007)。また、一瞬にして消え去らないうちに、その考えを紙面に書き留める力が必要になります。ADHDを抱える生徒は、実行機能の遅れのために、こうした一連の作業に苦労します。ですから、足場固めや特別な支援がないままに、ADHDを抱える生徒がうまく書くということはほとんどありません(Lougy et al. 2007)。

書く際に、言葉の意味と形態とを照合して言語構造(linguistic structure)を掴むことに苦闘するだけでなく、微細運動技能の脆弱さによって、鉛筆やペンを使って紙に書くことにも制限を受けるかもしれません。こうした子どもは、文字を形作るために必要な技能が遅延しており、多くの場合、十分な発達を遂げていません(Lougy et al. 2007; Lougy & Rosenthal, 2002)。通常、極めて杜撰(ずさん)な文字を書きますが、それは怠惰や配慮不足ではなく、微細運動技能が十分な発達を遂げていないためなのです。学習の仕方が特異な子どもを専門としているメル・レヴァイン博士(Levine, 2002)は、次のように記しています。

書くために非常にこみいった筋肉の動きが必要になるということは、言うまでもない。よく見かけるように、良い着想をもちながらも、指の動きが思考についていけずに、書くこと自体を嫌がり、避ける生徒が大勢いる(p. 171)。

4　授業での方策——生徒の成功を導くコツ

学年が上がるとADHDを抱える生徒の多くが、筆記体ではなく活字体で書いていることにも気づかれるでしょう。こうした生徒は筆記体で書くよう強いられると、たちどころに拒否することがよくあります。書く内容を思い描いていても、微細運動技能の問題から書き渋るのです。

専門家は、作文を（書字させずに）口述させたり、アルファ・スマート【訳注　携帯式の、電池で駆動する液晶画面付きワープロ、キーボードの商品名】のようなキーボードを打たせたりすることを生徒に認めて、書字に伴う身体活動のぎこちなさを回避させるのが適切であると、口をそろえて述べています（Fink-Chorzempa et al., 2005）。書字のバイパスを作り、子どもが他の手段を用いることや、他者による直接支援を許すことは、微細運動技能の脆弱な子どもに書かせようとして途方もない時間を費やすよりも有益なことでしょう。

ADHDを抱える生徒は、どの学年レベルでも、書くために必要な体制化（organization）に困難を覚えるでしょう。工夫して取り組んだとしても、注意保持と実行機能の遅れのために、その行程で圧倒されてしまうのです。

書くことを支援する戦略

1 生徒が書字に意義を見出せるよう支援するために、図4−1a〜cに示すような概念地図、文章枠、枠付けられた質問、言葉のリストを使用することを教師に示唆する。ADHDを抱える生徒のなかには、教師が書字開始前の取り組みに十分な時間をかけない場合に、書くこと自体を拒否したり、書字課題にうまく取りめなかったりする者もいる。しかし、こういった戦略を用いると、そのような生徒も書くことを拒否しにくくなる。教師は生徒が書き出すことをただ期待するだけでなく、生徒が主題にそって書くために必要な内容とその文脈（前後関係）とを明確にする作業を援助する必要がある。

特別な構造や概念を用いた足場作りは、インスピレーションもしくはキッズスピレーション（www.inspiration.com）といったプログラムにより達成される。これらはブレイン・ストーミング（自己研鑽）【訳注　水平思考と垂直思考を駆使して、従来のとらわれない新たな結果を得ること】から概略書式まで、コンピュータを使った足場作りを提供する。こうしたプログラムにより、生徒は自分たちで物語画像（story webs）や概念地図を創作することができ、絵画や図像といった視覚上の補助を得ることができる。その他に有効な書字の足場作りや文章とか段落の枠組みについてはwww.easyessay.comを参照されたい。

2 生徒が自分の書いたものと比べることができるように、教師が生徒に朱書きの良いお手本と悪いお手本を提供することを助言する。書く前に適切な過程を踏んだとしても、ADHDを抱える生徒には「良いお手本」の例を示しておくべきである。そうすることで、どのようなものを期待されているかが明白になる。できあがりのひな形をオーバーヘッドで提示し続けることや、書いている途中を生徒が目にすることができる実例を用意しておくことを教師に勧める。

3 生徒が説明文を書くことを選択できるようにするか、そのような選択がありえない場合には、補助となる足場や手本を与えることを教師に示唆する。ADHDを抱える生徒のなかには同級生よ

```
         _____        _____
        /           \      /           \
       /             \    /             \
      |       A      |  |      B        |
      |              | C |               |
       \             /    \             /
        _____/      _____/
```

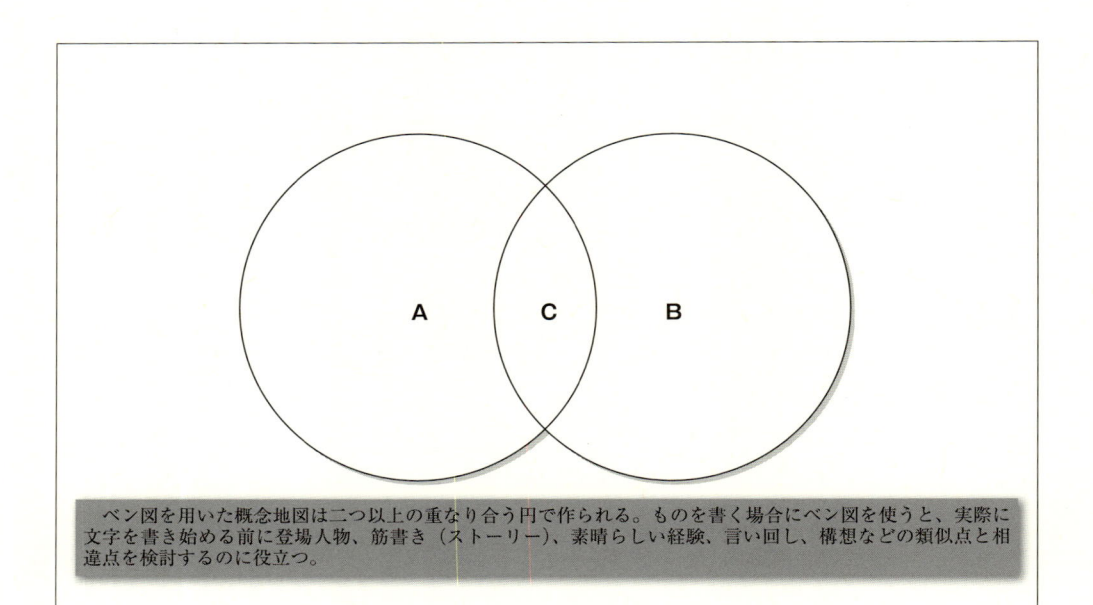

ベン図を用いた概念地図は二つ以上の重なり合う円で作られる。ものを書く場合にベン図を使うと、実際に文字を書き始める前に登場人物、筋書き（ストーリー）、素晴らしい経験、言い回し、構想などの類似点と相違点を検討するのに役立つ。

図4-1-a　ベン図型概念地図
（訳注　イギリスの数学者ジョン・ベンによる二つ以上の集合の関係を視覚化した図式）

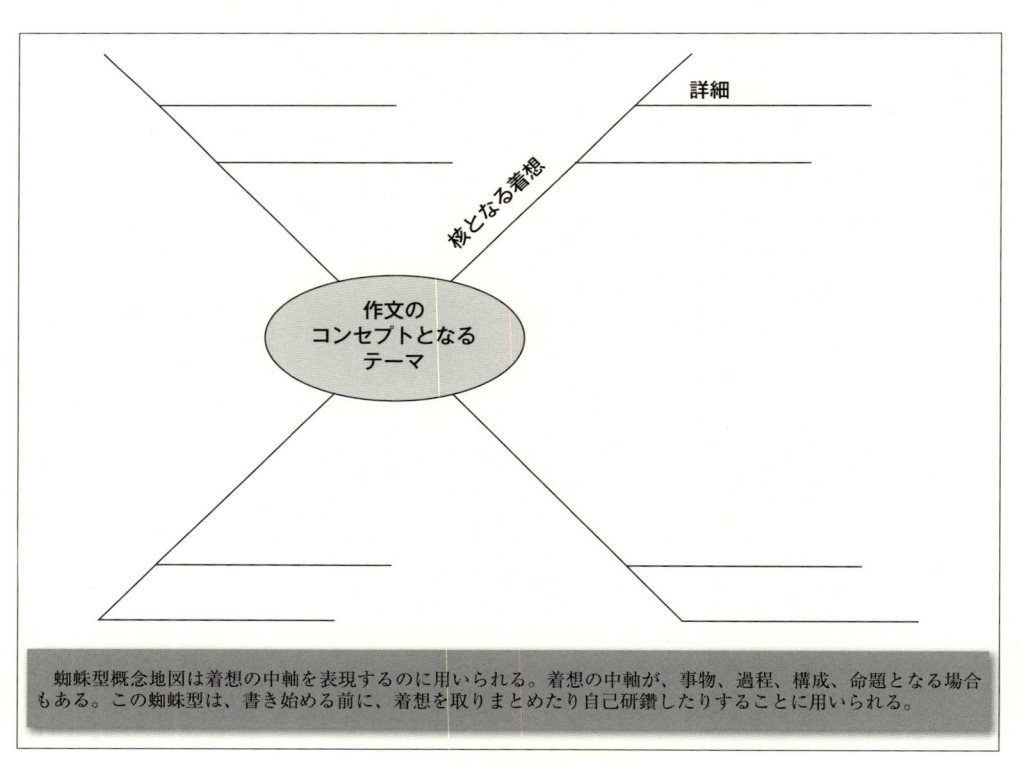

（蜘蛛型概念地図：中央に「作文のコンセプトとなるテーマ」という楕円があり、そこから放射状に線が伸び、「核となる着想」「詳細」などの枝が描かれている）

蜘蛛型概念地図は着想の中軸を表現するのに用いられる。着想の中軸が、事物、過程、構成、命題となる場合もある。この蜘蛛型は、書き始める前に、着想を取りまとめたり自己研鑽したりすることに用いられる。

図4-1-b　蜘蛛図型概念地図

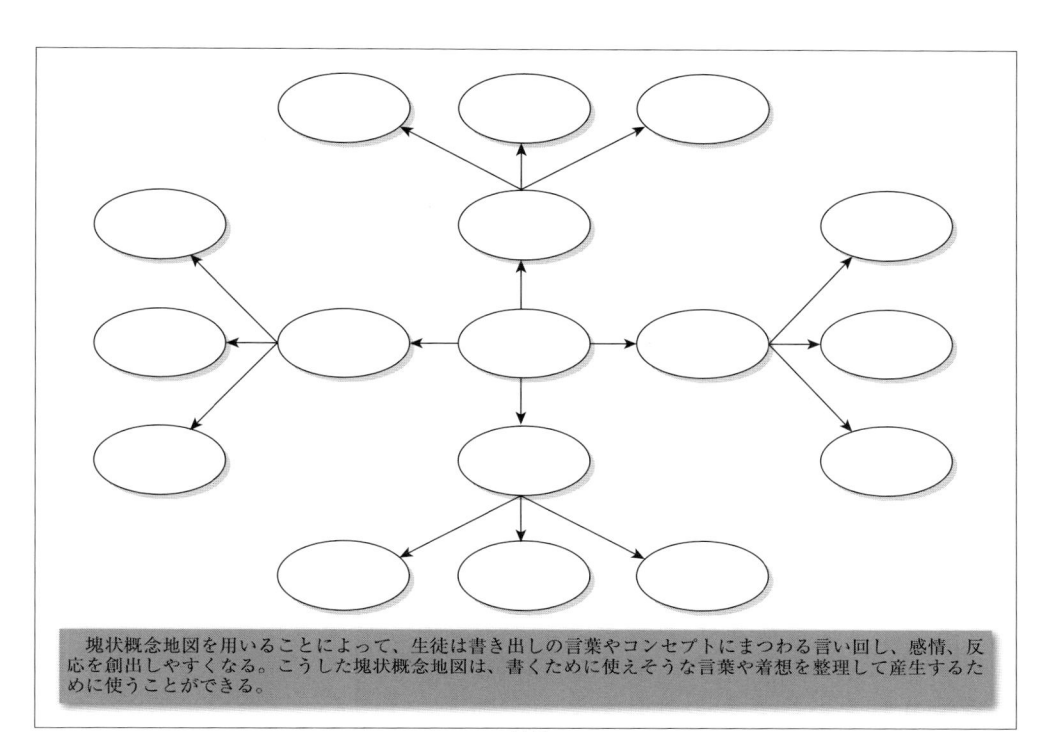

> 塊状概念地図を用いることによって、生徒は書き出しの言葉やコンセプトにまつわる言い回し、感情、反応を創出しやすくなる。こうした塊状概念地図は、書くために使えそうな言葉や着想を整理して産生するために使うことができる。

図4-1-c　塊状(かたまり)概念地図

b. 読みという難題

書くことほどではないものの、読字困難に起因する読解力の問題がADHDの子どもの弱点としてよく引き合いに出されます（ldonline.org, 2008）。読解には、学習能力障害に起因する、書かれた文字を理解することの難しさに加えて、読むべき情報への注意保持が関わります。解読したり聴き取ったりした情報を、章の最後に設けられた理解を確認する質問に答えられるだけの間、短期記憶に保持しておくことが、大変な困難となるのです！

誰でも文章の一節を読む一時にも気持ちが散漫になりますが、ADHDを抱える生徒にとっては、それがもっと頻繁に、しかも長時間にわたり生じます。重要な情報を確実なものにしようとして振り返ったり、読み直したりすべきときに、ADHDを抱える生徒は十分にそうすることができずに、照合した箇所に留まり続け、そうしていくつかの重要な情報を見失っている自分に気づくことになります。こうした「虫食い（holes）」状の情報が、読みなどでの内容を理解する技能に影響し、成績に悪影響を及ぼします（Lougy et al., 2007）。

りも創作的な作文に苦労する者がいる。ADHDを抱える生徒の多くは、なんらかの発達上の遅延を示す（Shaw, 2007）。同輩と比べると、具体的思考（concrete thinking）の段階に長く留まり、したがって、この脳の発達の遅れのために、要約を作ることに困難が見られることもある。

読みを支援する戦略

1. 教科書を黙読させるだけでなく、音声教材を導入することを教師に提案する。情報を聞きながら、読めるようにすることで、記憶に大きな影響を与え、注意力を高めるのに役立つ。

2. 生徒が読んでいるとき、常になんらかの概念地図を用いることを教師に促す。そうすることで、生徒が注意を保持し、読み物を消化できる大きさに分断するのに役立ち、設定を構成する重要な文章、登場人物、緊張（conflict）【訳注　新たな筋の展開を生み出すもととなる登場人物間の対立や緊張】、クライマックス、顛末をどう見定めたらいいかの模範を示すことになる。こうした視覚を通した支援は、後になって話の要点を説明するよう求められた際に、ストーリー、主題、各出来事のつながりを想起する助けとなる。

3. 生徒が読みながら教科書にマーカーで印をつけることを認めるよう教師に提案する。こうすることで、生徒は教科書にさらに専念できるようになり、質問に答えるよう要請されたり、学習補助教材への書き込みを求められたりするときにも、重点がよく分かる。多くの出版社は教科書の内容をPDFでも提供しているので、教師が授業で用いる必要な部分だけを印刷すれば、生徒が教科書そのものにマーカーで印を付けずにすむ。

4. 生徒によっては、後に必要になったときに参照できるように、読んでいる間に、重点、重要な考え、新しい語彙に着脱可能な付箋や付票を援用させることを教師に提案する（Rutherford, 2002）。

c．計算という難題

ADHDを抱える生徒の多くは計算に苦労します。ADHDの子どもの26％に特異性計算障害が見られます（Mayes & Calhoun, 2006）。加えて、数感覚に苦労することも多く、初歩的な足し算、引き算、掛け算、割り算に問題を抱える者もいます。これらの計算の基本を他のことに応用するのに、他の生徒以上に時間を要します（Swanson & Beebe-Frankenberger, 2004）。こうした子どもは作業記憶に弱点があり、文章題で苦労します。作業記憶の問題に加えて、作業記憶から湧いてくる無関係な刺激を阻止できないといった注意の問題が、計算をさらに困難にします（Platt, 2006）。また、貧困な実行機能が計算の熟達に影響します。実行機能の脆弱さのために、ADHDに罹患した生徒は、問題を解くために必要かつ適切な作業工程を見つけるのに苦労します。このため「工程を示す」ことに左右される計算で、成功を修めることが難しくなります。こうした生徒が正答を出すこともありますが、よく求められる、一つ一つの計算過程を紙上に残すことができません。繰り返し同じような問題を解こうとする間に、計算ミスをしないために必要な体制化技能（organizational skills）にも苦労

します。

空間構成に問題を抱え、うまく書くことができず、適切に問題を整理する能力も足りないために、ADHDを抱える子どもの多くは算数で落第点を取るでしょう。そのような子どもがやる気がないように見えるのは、退屈な行程を踏まねばならず、正確さを過度に要求され、すべての工程を明示させられるといった耐え難いほど退屈な作業を伴う20問以上に及ぶ問題を解くといった、圧倒されるような課題に直面してのことかもしれません。ADHDを抱えるこのような生徒は、事を始める前に諦めているようで、完遂するまで注意を持続させられず、宿題を終わらせるのに何時間もかかることを自覚しています。こうした形の毎日のフラストレーションが、計算そのものを拒否し、計算に向くかもしれない自らの能力を拒否する態度を寸時のうちに生じさせることになりうるのです。

計算を支援する戦略

1 　問題を解くためにもっと広いスペースを使えるようにする。ADHDを抱える子どもと同じく、微細運動、体制化技能に奮闘する生徒の多くは、ワークシート上に設けられたスペースに、求められている作業行程すべてを書き込むことが、ひどく困難であると感じる。通常、そのスペースはあまりにも小さいので、書く位置をうまく合わせながら計算を続けていくことが難しい。生徒が作業工程を示すためにグラフ用紙やホワイトボードを使うことを認めるよう、教師に勧める。それらの使用を認めることで、生徒が問題を解くために必要なスペースと体制がうまく取りかかり、問題を解くために必要なスペースと体制を提供することができる。

2 　生徒が解く問題数を減らす。注意の問題を抱える生徒は、非常にゆっくりと作業することが多い。他の生徒が30分でできる問題を、3時間かけてようやく終わらせることもある。問題を解くために必要な時間を考えたときに公平になるように、問題数を減らすことを教師に提案する。

3 　作業行程を書かせるのは、ごく少数の問題だけにする。ADHDを抱える生徒は、違った方法で問題を解く可能性がある。答えが分かり、頭のなかで解けても、順を追ってその行程を説明するのは苦手な場合が多い。全部の問題で行程を示すよう求められると、膨大な時間が浪費されることになる。そこで、行程を示すのは一問だけにしておき、残りの問題については答えのみを書き込むだけでもかまわないことにするよう提案する。

4 　設問まで含めたワークシートを生徒に配布する。ADHDを抱える生徒は、教科書の問題を用紙（binder paper）に間違えずに書き写すことにたいそう苦労する場合がある。問題を写し間違えると、正答に至る見込みは皆無である。そうならないために、設問のコピーもしくは設問まで含めた特別なワークシートを配布することを教師に提案する。

d. 理解しているかどうかの確認

ADHDを抱える生徒に限らず全員に、授業中、十分に手本を示したうえで、理解できているかどうかを何回も確認する必要があります

す。この時に生徒各自のホワイトボードを使うと、当人の注意を引き付け、確認しやすくさせるために、この過程を踏むことを教師に提案してください。

3. ADHDを抱える子どもが苦労する学業面での遂行に関する領域

ADHDを抱える子どもは、自己点検、時間管理、体制化、注意の保持や集中が求められる学業課題に苦労することが多いものです。こうしたことだけで、良い成績を修められない生徒もいます。これらのなかで特に問題となりそうな部分については、生徒自らがこうした困難を克服するのに役立つ実践戦略を含めて論議されています。

a. 人に頼らない学習、宿題、長期計画

見出しに上がった課題はすべて実行機能の処理過程に左右され、生徒が事前に計画を立て、結果を予測し、長期目標を定めることが必要となります。人に頼らずに行なう学習は、次に挙げるような多くの実行機能を必要とするために困難を極めます。すなわち、体制化、時間管理、課題に必要な材料を選ぶこと、時間通りに仕上げること、単位取得のために忘れずに提出するといったことです (Meltzer, 2007)。カウンセラーは取り組める大きさに課題を分割することや、計画や割り

当ての小部分ごとに期限を記したカレンダー作りを支援していくことができます。

ADHDを抱える生徒は、時間管理に困難を抱えることが（長短に関わらず）課題の所用時間がどれくらいか見当をつけることがほとんどありません。多くの場合、必要な時間を見積もるか、ひどく長く見積もります (Garber et al., 1996)。ADHDに罹患した生徒が課題にどれくらいの時間がかかるかを正しく判断できるように援助することが、宿題や課題にまつわる多くの不安や不満を軽減させることになるでしょう。一つの提案としては、生徒に、割り当てられた課題全体にざっと目を通させ、完成させるのにどれだけの時間が必要かを見積もらせることです。所定の用紙の裏に見積もった時間を書きます。課題に取りかかるときに、最初のページの左上に開始時間を書き込み、やり遂げたところで終了時間をメモします。これによって、課題を終えるのに必要な時間を見積もることを身につけるだけでなく、注意の保持や集中の改善にも役立つでしょう。カウンセラーはこの過程を通じて、生徒と親とを指導する (coach) ことができます。そして時とともに、生徒は、通常、割り当てられた課題を終わらせるのに必要な時間を首尾良く判断できるようになります。

b. 試験への取り組み

首尾良く試験に取り組むことには、次のような多くの実行機能が関与しています。ADHDに罹患した生徒はよくこれらの実行機能に発達の遅れが見られます。ADHDに罹患した生徒とは、注意を怠らずに専心する

4. 学習スタイルを認める

こと、時間管理、最優先すべき情報の識別、自己点検、効率よくテストを完成させるといったことです (Meltzer, 2007)。ADHDを抱える生徒が試験時間を延長されたり、試験を分割し複数回に分けて受けられるようにすることを勧めることは適切なことです。

教師が、個々の内容ごとに特異な戦略を用いるだけでなく、さまざまな学習スタイルがあることを知り、学習者のあらゆるニーズに見合った個別化された指示（第3章を参照）を与えるならば、さらに多くの学生が学習を深めることに気づくでしょう。ほとんどの教師は、自分の強みを活かしたスタイルで教えています。聴覚優位の教師であれば講義形式が多いでしょう。また視覚優位の教師は、オーバーヘッド・プロジェクターのような視覚機材をよく用いるでしょう。筋運動感覚型の教師であれば、運動を取り入れた授業を行い、通常、一番面白い授業になります。従来、教育を職とするようになるのは、聴覚型つまり言葉を中心に学習してきた人たちでした。教室には言語に深く依存し、聞くことで知識内容を獲得させようとする教師が溢れています。

ハワード・ガードナー (Gardner, 1993) による多重知能 (multiple intelligences)【訳注　米国の心理学で提唱された、人間の全知能を形成する複数の知能のこと】についての初期の研究と、リタ・ダンとケネス・ダン (Dunn & Dunn, 1978) による学習スタイルについての研究から、学習者のタイプを識別できるようになりました。さまざまなタイプの生徒が増加していることを踏まえると、学習スタイルを特定できることが、それを教育の根幹とすることが容易に理解できます。

ここでは、ダンとダン (1978) により研究された、三つの主要な学習スタイルだけを手短に取り上げ、問題解決チームのもとへ生徒を連れてきた教師と共有しやすい情報を提示しましょう。

次の例は、教師が授業計画を立てたり、生徒が学習したりしていくうえで、生徒と教師の両者が生徒の学習の選好をうまく識別し、活用するのに役に立ちます。

a. 視覚優位の学習者

- 視野を遮る障害物（例えば、他者の頭）を回避しようとして、教室の前方に座るのを好む。
- 画像で考え、概念地図のような視覚提示により最善の学習がなされる。
- 絵、図、地図、グラフ、略図、フローチャート、パワーポイント、録画ビデオ、フリップチャート（綴じ合わせたカード）、印刷物といった視覚教材の使用を要する。
- 教師は話をするときに、身体言語や顔の表情に明確な意図を盛り込むべきである。
- 教科書の重要なポイントを強調するために色をつける。
- 情報を吸収するために、ノートを取ることや印刷物が配られることを好む。
- 着想を書き留める前に、絵やブレイン・ストーミング（49頁参

照）によるアイデアとして図示する。
- 言い分を筆記し、それを説明する。
- マルチメディア（例えば、コンピュータ、ビデオ、ティーチャー・チューブやユー・チューブといった動画サイト）を活用する。
- 騒々しくない、静穏な場所で勉強する。
- 絵の多い本を読む。
- 暗記しやすいように、情報を絵で視覚化する。

b. 聴覚優位の学習者

- 理論・解析をもとに、順序立てて考える。
- クラス内の議論や討議に参加する。
- 課題中心とする。
- スピーチや発表をする。
- ノートを取るよりも、講義を録音する。
- 音読をする。
- 暗記しやすくするために、耳に心地良いジングルズ〔訳注 文中で同じ音や語句を繰り返す〕や語呂合わせを作る。
- 着想を言葉にして検討する。
- 考えをメモしながら、誰かに書き取らせる。
- 重点を示すために、言葉による比喩や物語を援用する。

c. 触覚・筋運動感覚優位の学習者

- すべてをひっくるめて考える。
- 繰り返し休憩を入れながら学習する。
- 身体を動かしながら、新しいことを学ぶ（例えば、エアロバイク〈運動用自転車〉に乗りながら読書する、新しい概念を学ぶために粘土を捏ねる）。
- 立位で作業をする。
- ガムを噛みながら学習する。
- 読みの教材に目立つ色を使って強調する。
- ポスターを貼るなどして活動の場を飾りつける。
- 勉強しながら音楽を聞く。
- 教材を落ち着いて詳細に読みこむ前に、何について書かれているか大まかな見当をつけるためにざっと斜め読みをする。
- 大枠が把握できるまで、論理・解析による、段階を踏む課題に苦闘する。
- 目下のテーマに対して、創造力にとんだ独自の連想をする。

教室にはこういった多様な学習者が大勢いることを、教師が実感するようになると、さまざまな方法で学習する生徒それぞれの需要に応じて指導法を調整していくという趣向をもちやすくなるものです。また、それによって、恣意による不服従とも捉えられかねない生徒の振る舞いは、実際には、その独自の学習スタイルが表われている可能性

4 授業での方策——生徒の成功を導くコツ

5. 様式に富む教育戦略

あらゆる授業で様式に富む指示を用いる意義について教師に印象づけることが重要です。教師が最も頻繁に用いる指導法である講義と口頭での議論に、授業時間のほとんどを費やす場合、恩恵を受けるのは言語による学習が得意な生徒だけです。学校カウンセラーが助言を求められた場合には、関わっている生徒の担任に次の提案をすることができます。

教室には、さまざまな生徒がいることに気づき、教え方を進んで変えようとする教師に、スクールカウンセラーはいったいどんな提案ができるでしょう。続いて取り上げるのは、さまざまな様式の指導法についての提案です。ADHDなどのために聴覚だけの指示に苦労している生徒が、首尾良く対応するための支援となるものです。

があることを教師が理解するのに役立つでしょう。例えば、いつも落書きをしている子どもは不注意とか散漫であると見なされるかもしれませんが、それが授業内容を取り込むための落書きの場合もあるでしょう。また風変わりな反応を見ても、子どもが触覚・筋運動感覚の学習者で、包括的な学習スタイルが組み込まれているのかもしれません。

1 すべての授業に視覚教材を取り入れること。話は10分〜15分だけにし、その後の一定時間をビデオやマルチメディアといった視覚教材を用いて、話した内容の補足を行う。パワーポイント、電子黒板、その他のデジタル・メディアを使うことは、視覚優位の学習者のニーズに合う。内容についての視覚支援は、授業用の短い動画（video clips）を無料もしくが安価で提供しているグーグルその他多数のウェブサイトからダウンロードすることによって、入手したものを用いる。ユー・チューブ（You tube、iTunes、Teacher Tube）にも、教育のための一つの選択肢となるビデオ画像がある（http://www.teachertube.com）。

2 子どもが取り組んでいる間、適切なBGMを流す。多くの生徒にとって、ある種の音楽が背景に優しく流れていると、記憶が高まり学習がはかどる。特に有効なのはクラシックとジャズだが、リラックスできさえすれば、どんな音楽でもかまわない。音楽によって聴覚優位の生徒が注意散漫になる場合には、ヘッドホンを装着させるか、環境音あるいはホワイトノイズ〔訳注 再生可能な範囲のすべての周波数を同じ割合で含んでいる「雑音」。「シャー」と聞こえる。なお、ADHDの子どもは、外的刺激に敏感に反応する認識能力が阻害されることが多いが、その外的刺激が連続する場合〔例えば、ホワイトノイズが流れ続ける場合〕には、認識能力が向上することが報告されており、同研究によれば、定型発達の子どもは連続した外的刺激により認識能力が低下する〕を聞かせる。

3 できるだけ多く実地体験の機会を与える。教師が具体例や動作を示す方法で、生徒が授業内容に触れることができる方法を模索することを勧める。生徒は手本を真似、動きを必要とするゲームを行ない、ある特定の概念を身体で表現することができる。ちょっとした動作を取り入れることで、退屈でありふれた課題が魅力のある心を奪うものになる。一例としては、解答を学習の案

内役として、教室のあちこちに掲示することがあげられよう。生徒を集団でスカベンジャーハント（scavenger hunt）〔訳注　一覧表にあるものを、集めたり実行したりする競争〕により学習案内を見つけるために移動させることは、運動や集団内での協力を取り入れたものとなる。授業に身体活動を組み込むことは、ADHDを抱える生徒だけではなく生徒全員にとって、集中を高め、より長時間、課題に取り組む手助けとなる (Mulrine et al., 2008)。

④ 生徒に問題の解決法を共有させたり、どうやって解答を導いたかを説明させたりする。学んだことを他者に教えたり、説明したりすることが生徒の学習につながる。少なくともひとりの相手と共有することで、その概念を真に理解させ長期記憶への移行を確実なものとする。他者に教えることができれば、その生徒は筋道を踏まえて理解し、概念を修得しているとき、教師は確信できる。その際、教師が留意しておくべきことは、生産性を高め、生徒を積極的に参加させるような授業は騒々しい場合があるということである！

⑤ 協同学習と自主学習とを偏りなく提供すること。生徒の一部、特にADHDを抱える生徒は、他者と活動する機会をもつことが、よくぶつかる障壁を克服するのに役立つのだと分かる。他者と頻繁に関わり合うこと、言葉で伝え合う機会をもつこと、感動する (move) 契機は、自主学習がうまくいかない多くの生徒にとって、理想に近い学習の場と言える。

⑥ 教えられ、学んだことを思案する時間を、一定の間隔で生徒に与えること。生徒に学習したことを思案させることは、新しい概念の記憶を促す良い方策となる。教師が銘記しておくことは、生徒によっては、自分の考えを日誌に記録する者もあれば、スケッチや模型で表わしたり、ただ言葉で相手と語り合ったりすることを好む者もいるということである。生徒に毎週、幾度も日誌をつけるよう強要することは、言語や視覚優位の学習者には好ましいことだが、技芸や運動感覚優位の生徒には不公平な取り扱いとなる。

さまざまな様式の教育戦略の使用したうえでの24時間後の情報内容の平均保持率を考慮すると（図4-2を参照）、ADHDを抱える子どもを支援するカウンセラーとしては、教師にこうした戦略を推奨することが賢明だろう。教師は、クラスの生徒全員の学習スタイル、特にADHDを抱える生徒の学習スタイルに合わせた戦略を用いることで、生徒がさらに学習を深め、記憶を保持し、動作が迅速になることを理解するだろう。

6. 時間管理と体制化技能

ADHDを抱える生徒には、授業の主たる内容を理解する能力がありながら、成績通知表にそうした事実が反映されないことがよくあります。カウンセラーが落第の理由を子細に検討すれば、授業での課題やテストの成績よりも、むしろ指示を見落としている結果であることが多いことに気づくでしょう。ADHDを抱える生徒が授業で脱落する

4 授業での方策——生徒の成功を導くコツ

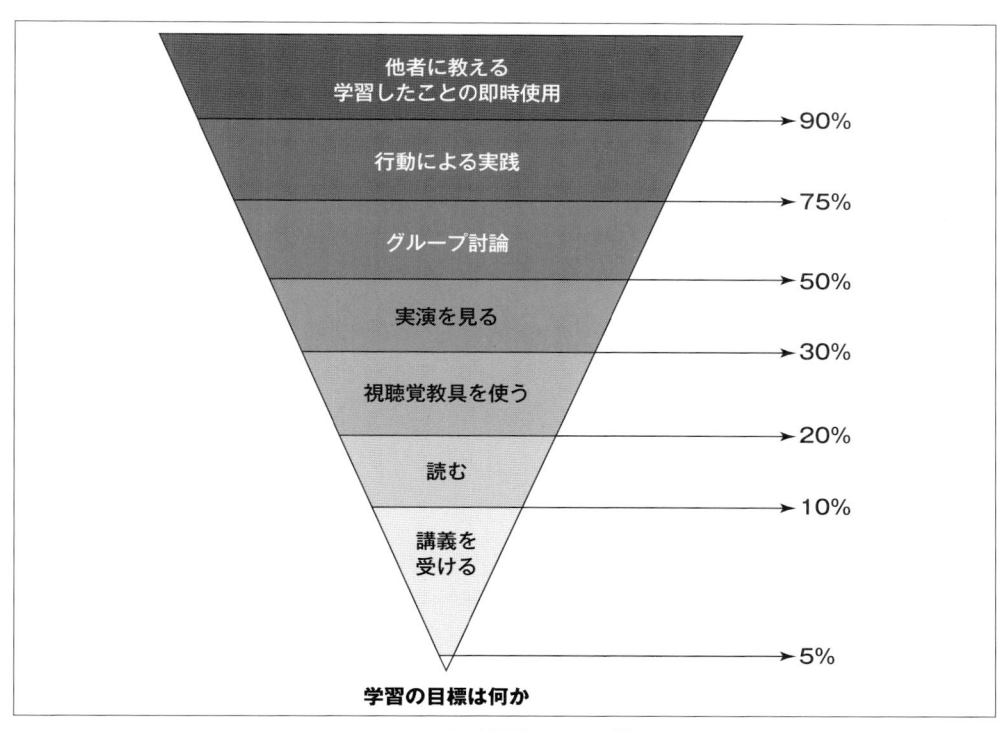

```
他者に教える
学習したことの即時使用    → 90%

行動による実践           → 75%

グループ討論             → 50%

実演を見る               → 30%

視聴覚教具を使う         → 20%

読む                     → 10%

講義を受ける             → 5%
```

学習の目標は何か

図4-2　24時間後の平均保持率

のは、怠慢や能力不足のせいではなく、体制化技能が欠落しているためなのです。

しかし、どうすればカウンセラーが生徒の体制化を向上させるのに必要な技能に影響を及ぼすことができるでしょうか。事例によっては、ADHDに罹患した生徒が、提出のタイミング、記載の仕方、課題への取り組みを続けていくことを記憶に留めておくための支援を行なう役割を、教師や他の生徒に担ってもらえるよう教育しておく必要があります。また、体制化を直接、指導する必要が生じる場合もあります。多くの場合、そうした生徒が自らの手で体制づける習慣を身につけるようになるまでは、継続して見守り続けるべきです。

体制化技能を伸ばすことについては、利用可能な専門的な資源が数多くあります。パティー・シェッター（Schetter, 2004）は、高機能自閉症と診断された生徒と関わるなかで、生徒が課題を実行可能な部分部分に分割するのに役立つ、数多くの概念地図を開発しました（図4－3および図4－4を参照）。この過程を踏むことが、実行機能に関わる技術の発達に伸び悩んでいるADHDを抱える生徒にとって、極めて有効であると判明しています。概念地図による視覚支援により、レポートを書くという圧倒され混沌とした課題で、多くの段階を踏まなければならないものの、どうにか対処できる体制化された構造の活動を行なうことが可能となります（Schetter, 2004）。

パティー・シェッター（2004）によって開発された、概念地図と時間評価スケジュール戦略（図4－5を参照）を単に使うだけではなく、そうした特別な戦略を常用し訓練することで、生徒が独自の体制化技能を発展させることにも役立たせることができます。

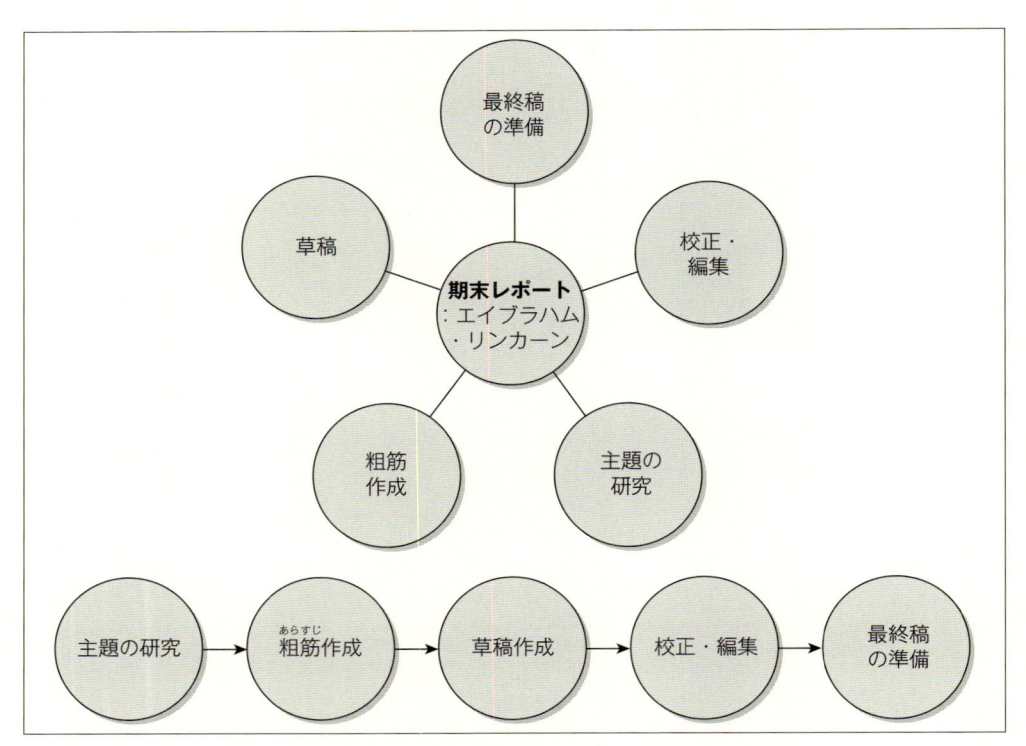

図4-3

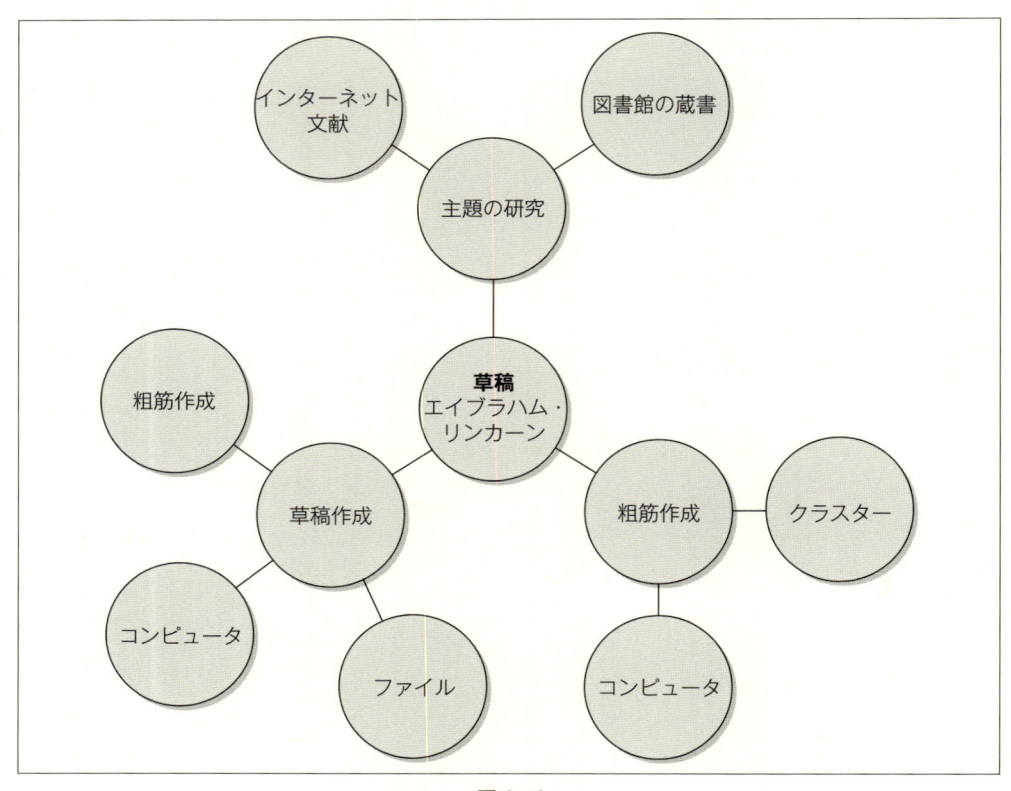

図4-4

〔図4-3、4-4転載許可、パトリシア・シェッター、MA（文学修士）、自閉症行動訓練学会〕

61　4　授業での方策——生徒の成功を導くコツ

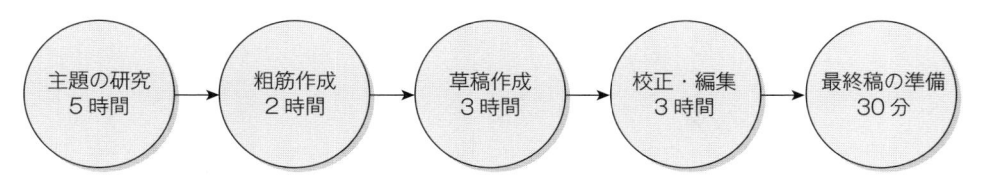

○ 主題の研究　5時間 → ○ 粗筋作成　2時間 → ○ 草稿作成　3時間 → ○ 校正・編集　3時間 → ○ 最終稿の準備　30分

〔転載許可　パトリシア・シェッター、MA（文学修士）、自閉症行動訓練学会〕

2009年9月						
日	月	火	水	木	金	土
		1 リンカーンの調査 (3:00-5:00)	2 リンカーンの調査 (3:00-4:00) サッカー練習 (5:00-6:00)	3 書字の学習	4 書字のテスト 自由時間 (4:00-6:00)	5 サッカー試合 (12:00-1:00) 浜辺への旅行 (キャンセル)
6 リンカーンの調査 (3:00-5:00)	7 **リンカーンのレポートの概略作成** **(4:00-6:00)**	8 **リンカーンのレポートの概略期限**	9 計算の学習 サッカー練習 (5:00-6:00)	10 書字の学習 計算の学習	11 書字のテスト 自由時間 (4:00-6:00)	12 サッカー試合 (8:00-9:00) 浜辺への旅行 (11:00)
13 浜辺への旅行 計算の学習	14 計算テスト **リンカーン下書き** **(5:00-6:00)**	15 **リンカーン下書き** **(4:00-5:00)**	16 書字の学習 サッカー練習 (5:00-6:00)	17 **リンカーンのレポート下書き期限** 文字の学習	18 書字のテスト 自由時間 (4:00-6:00)	19 サッカー試合 (9:00-10:00) サッカー遠足 (1:00-4:00)
20 文献まとめ (9:00-12:00) 映画 (2:00-5:00)	21 文献まとめ (4:00-6:00)	22 文献まとめ (4:00-6:00)	23 書字の勉強 サッカー練習 (5:00-6:00)	24 文献まとめ期限 書字の練習	25 書字のテスト 自由時間 (4:00-6:00)	26 サッカー試合 (10:00-11:00)
27 **リンカーンのレポート校正** **(9:00-12:00)**	28 受診 (3:30) **最終原稿準備** **(5:30-6:00)**	29 **リンカーンのレポート最終原稿期限**	30 書字の勉強 サッカー練習 (5:00-6:00)			
月々のカレンダーに（締め切り期日と作業時間を含む）手順を描き出す。太字はエイブラハム・リンカーンのレポート関連：それ以外に定期・不定期の行事と予め分かっている雑多な課題。						

図4-5

生徒が自分に役立つものを定めることができるまでは、いくつかの異なるタイプの体制化戦略およびツールを試みる必要があるかもしれません。ADHDを抱える生徒のための体制化技能を開発しようとする場合、手順がたくさんありすぎる体制化構造であれば、能率良く使用できないでしょう。一時期、多くの学校が、すべての生徒を対象にバインダーを用いた構成技能の強化を試みました。教師と親からすれば最良のものだとしても、生徒にすればプリント全部に穴をあけ、適切なフォルダーとかラベルごとに綴じ込むのに時間がかかりすぎてしまい、プリントがランドセルのブラックホールへと消えてしまうことが多々あります。ADHDを抱える生徒なら、バインダーよりも色付きマジックテープ式書類挟みにプリントを入れる方がうまくいくかもしれません。マジックテープ式書類挟みが教科書の表紙と同じ色に分けられていれば、生徒が必要な教科書やプリントを学校から持ち帰り、また学校に持って行ける機会が増えるでしょう。さらに提出せねばならないプリント用に特定の色の書類挟みが必要となる生徒もいるでしょう。市販されている多様な書類挟みやシステム手帳（organizer）を取り入れた多くの試みがあるにも関わらず、ただプリントを教科書に挟み込むことが、最も確実な生徒もいます。そうすれば、教科書とプリントを一緒に自宅に持ち帰り、翌日、授業で教科書を取り出したときプリントを提出することができます。プリントの端が少し折れるかもしれませんが、この絶対確実な戦略の利用により、プリントを持ち帰り、学校へまた持ってきて提出することが有望となるのです。その際、大人の側にはシワのよったプリントを容認する柔軟性が必要です。それは、生徒が宿題を終え、それを提出するための首尾良い方策の模索を助ける、ちょっとした代償なのです。

7. 要約

学校カウンセラーは、ADHDを抱える子どもが授業でうまくやっていくための支援において、不可欠な役割を果たします。学校で相談役の役割を果たすことで、生徒が毎日の授業で良い経験をするようになり、遂にはその生徒の成果を改善する方法を見つけたいと望む教師および親にとって有効かつ有用な情報源となりえるのです。こうした生徒の学習に何が必要かについての卓見を提示することは、教師がADHDを抱える生徒それぞれの特定の学習上のニーズに合わせて指導戦略を変更するために必要な手段を供給することになります。多様な学習者に向けた知識、情報、指導戦略によって、ADHDを抱える若いクライアントは赤点や成績不良を過去のものとし、教室を生産性に満ちた、楽しい、功を奏する学習の場にすることが可能となるのです。

5 学校でのADHDの振る舞いへの対処

ADHDという疾患のさまざまな側面を考慮せずに、それを抱える子どもの行動を十分に理解することはできません。一つには、こうした子どもが知らないうちに、二つの極の間のどこかに捕えられているという大変な難題がその良い例です。ここでの二極とは、一つは子どもの疾患、その悪影響、毎日の作業や活動の困難が認識されている状態であり、もう一つは、教師など大人がほとんど支援も理解も示さずに、ただ最善を尽くせ、「言い訳をするな」と期待をかけるだけの状態です。このジレンマは、罹患した子どもをよく苦しめます。頭ではもう解決がついたと思っても、心の奥底に深い傷跡を残す場合もあります。したがって、どの授業でも、また学校全体の行動介入計画（BIP）でも、生徒の自尊心や情緒の平安を揺るがすほどの厳罰主義に陥らずに、破壊力があり時には危険な行動でもそれを緩和する必要があるのだと認識しておくことがとにかく重要です。本章に示す介入によって、ADHDを抱える子どもの代弁者となるあなたが、この重要な目標に到達することを望んでいます。積年の拒絶と犠牲の感情が罹患（りかん）した子どもと関わるにあたっては、

カウンセリングの場に持ち込まれる場合があることを知っておくことも大切です。悪行について訊ねられた子どもの多くは恐れ、拒否、不安の感情から生じる防衛機制が作用しているだけのことがよくあるかもしれません。しかし、そうした返事の多くは恐れ、拒否、不安の感情から生じる防衛機制が作用しているだけのことがよくあります。黙したまま固まったり、本当に覚えていなかったり、あるいは自分の本心を特定できなかったりする子どももいるでしょう。子どもが不安を言葉にし始めるまで、カウンセラーは子どもが心地よさと安堵（あんど）とを感じることを期待しながら、ひたすら辛抱する必要があります。憤怒、敵意、不満でいっぱいの子どもが、不適切だと思われる表現をすることもあるでしょう。こういった「たちの悪い考え」のために子どもを罰することにしかならないでしょう。したがって、この種の振る舞いを失うことにしかならないでしょう。したがって、この種の振る舞いには慎重にし、また注意深く対処する必要があります。安心して話しても良いのだと子どもに分かってもらうと同時に、尊敬と思いやりを求められていることに気づいてもらうことも大事なことです。

自分から話そうとも話さなくとも、ADHDに罹患した子どもの多

くは、次々と目まぐるしく回転する自分の気持ちを制御しきれないものです。語らずにいるということを伝える一つの方法です。子どもの考えには現実に根ざしたものもあれば、見当違いや誇張が見られるもの、識別できないほどの憤怒に満ちたものもあるでしょう。「分かりません」と言う場合でさえも、言葉にするにはひどく怖かったり、許せなかったりする思いを持っていることがあるものです。即座に安心でき、矢継ぎ早やに質問されずに済むと思えば、喜びのあまり自分の気持ちに関して嘘をつくこともあるでしょう。

1. 本論に入りましょう

学校カウンセラーがADHDを抱える子どもに関わってほしいと依頼されるのは、子どもの秩序を乱す振る舞いが契機となることが多いようです。ADHDを抱える子どもが学校でトラブルとなる理由はさまざまですが、そのなかには深刻な出来事もあります。

a. ライアン（8歳、小学2年生）

ライアン（8歳、小学2年生）は、休憩時間終了を告げるチャイムが鳴っても、またもや教室に戻ることを失念し、担任から叱責されました。クラスメートの一人が運動場を遊具の所まで走って行き、ライ

アンが整列するのを、担任のブラウン先生が待っているのだと知らせなければなりませんでした。

b. ブライアン（中学1年生）

ブライアンは動転して担任に大声を張り上げたので、またしても職員室に呼ばれました。教師への反抗するような態度、運動場での喧嘩、「自分を変える気がない」素振りといった問題行動は以前から続くものでした。

c. キャロル（高校1年生）

担任は、いつもキャロルに「相手の話を聴くように、そしてクラスメートの勉強を中断させたり邪魔をしたりしないように」と言っていました。しかし、何回注意されても、効き目は長くは続きませんでした。担任は、キャロルのことを「良い子」だが、「静かにさせ、学習に戻らせるには、決まっていつも注意が必要だ」と述べていました。

ADHDを抱える子どもに関わる教師はよく次のようなことを気にしています。それは、規則に従わないこと、怒りを抑制しにくいこと、破壊行動、友達との関係のまずさ、そして全員に見られるわけではありませんが、嘘をつくこと、盗み、学校の器物損壊です。学校はこのような振る舞いに、罰を与えることでしか対処できずにいることがよくあります。こうした子どもは、多くの場合、自分の秩序を乱す行動

をどうにかしようとする教師、校長、親が、処分や退学以外にもさまざまな介入をしてくることを知っています。概して、子どものこうした行動は物騒というよりむしろうっとうしいもので、幾度も気分を害された教師は、当たり障りのない行動にも忍耐を試されることになります。表5-1に、ADHDの行動面および学習面の特性の例をいくつか挙げておきます。

取り上げられ得る行動領域は多数ありますが、本章では、学校という場で大きな問題となり、カウンセラーの注目が必要になることが多いものを大きく選びます。

表5-1 「ADHDを抱える子どもの行動と学習のプロフィール 幼稚園児〜高校3年生」

☆行　動

・順番を待つのが困難。
・他者を妨害したり、干渉したりする（個人空間や境界を超えて侵入する）(DSM-IV-TR, 2000)。
・教師から指名されたり、注意を向けられたりするまで待てない。
・絶えず報酬を求め、満足の先延ばしが難しい。
・課題を急いで終わらせようとするあまり、ミスをしてしまう。
・満たされない思いを抑えられない（例えば、不適切な言葉、怒号、物を投げる）。
・遊びが続かず次々変わる。
・注意を保持しにくく、聴き取りが困難。
・新奇な、興味をひく課題、一対一の活動であれば、集中力が増す。
・集中が続かず、努力し続けることができない。
・「新奇なものへ注意の偏り」がみられる(Robin, 1998, pp. 17-18)。

・満足を先延ばしできない。一瞬のうちに駆り立てられる――構えて、狙って、撃つ子ども(Lavoie, 2005)。
・よく「エンジンで動かされる」かのように行動したり、「じっとしていないことが多かったり」する(DSM-IV-TR, 2000)。
・活動のレベルが過剰に高い。
・故意ではなく物を壊す。
・絶えずそわそわする。
・協応不全を示すことがある。
・目と手の協応が上手くいかない。
・授業でいきなりしゃべりだしたり、他人を妨害したりする。
・外からの、あるいは内からの規程に従って、行動を制御するのが難しい。
・欲求不満が募りやすい。
・無鉄砲で、事故を起こしやすい傾向がある――考えずに動く。
・通常は、忘却や転導のために指示に従えない。
・即時強化に反応するものの、効果は長続きしない。
・保護者とのやりとりで否定的な循環が続くことがある。
・時には、威張りたがり、頑固で、自分中心で、弱いものいじめをし、うるさくて仕方がないと見なされる。
・社会性が未熟である――実際の年齢より2、3歳幼い振る舞いをすることが多い(Barkley, 1995)。
・友達を作り、関係を保つのが難しい。集団から孤立し、休憩や昼食の時間に独りでいることが観察される。
・周りの注目を引きたがり、時々クラスの道化役となる。
・相手の感情、態度、真意に気づくことができない。
・気分易変すなわち、攻撃性や暴力の発露を伴う感情の高揚やかんしゃくが見られる（ただし、双極性障害に見られるような持続する気分変動とは異なる）。
・良いことがあると、興奮のあまり自制できなくなることがある。
・授業中、鼻唄を歌ったり口笛を吹くなど雑音をたてたりする。

- 白昼夢をみたり、物思いにふけったり、不活発だったり、視線が定まらなかったりする（通常、ADHD不注意優勢型の子どもにみられる）。
- 過敏で、緊張が強く、ピリピリする傾向にある。
- 自分より年下の子どもと遊ぶことが多い。

☆学　業

- 宿題をなくしたり、書き留め忘れたりする。
- 質問されていないのに、出し抜けに答える。
- 作業を時間通りに終われない。
- 宿題をうまく配分できない。
- ペーパーワークに取り組み、完全に記入するのが困難。
- 注意の集中と維持に発達の遅延があるために、罹患していない子どもと比べると、退屈な課題や教室での日常活動で注意力が乏しい。
- 書字が稚拙である。
- 割り当てを急いで終わらせ、細かい重要部分を見落とし、うっかりミスをしてしまう。
- 宿題をするのに時間がかかりすぎる。
- 割り当ての完成、提出が遅くなりがちである。
- 優先すべきことの判断がつけにくい――その結果として、作業が終わらない。
- すでに学習した題材を思い出すのに苦労する。
- 主題が次々と変化するとついていけない。
- 教師や親から無気力で、やる気がないと見なされることがある。
- 注意の選択、集中、持続が常に欠如しているために、受験技術が拙劣である。
- もともともっている能力を発揮せず、成績が振るわない。
- 割り振られた課題や雑務を遂行できない。
- 教師の指示に従うのが難しい。
- 書き取り、朗読、計算問題、綴り字、読解に困難を抱えることがある。
- 時間の管理や配分が大変である。
- 話を聞きながら同時に板書を書き写すことが困難である。
- 先々苦労するのに、刹那の快楽を選択する。
- 教師や目上の人に組することを望まない。
- 授業で要るものを持ってこない。
- 長期にわたる割り当てを完成できない。
- よく遅刻する（特に中学校と高校の場合）。
- 授業に協力したり、参加したりしないのは、反抗行動が極まっていたり、転導性が高かったり、学習意欲が低い場合である。
- 手を差し伸べられることを嫌がる（特に中学校、高校の場合）。
- 質問したり要望を伝えたりすることが苦手である。

2. 学校をあげての断固たる介入

学校全体での断固たる行動支援（SWPBS）(Sugai et al, 2000)は、学校内のいたる所で行なえる望ましい行動に向けた全体を捉え手順を踏んだプランを提供します。こうした学校をあげての前向きな支援の基盤となるのは、大人が子ども全員に対して抱く、明瞭で一貫した行動への期待です。この段階を踏もうとする支援は、すべての子どもが教室内外で適切な社会行動を発達させるのに役立ちます。はっきりした行動への期待は、生徒の積極的な関与による学習の助けとなる、実証された、質の高い教育実践によって裏打ちされています。学校をあげての断固たる行動支援をもってしても、行動を良好な状態のまま保持し続け、制御していくことに四苦八苦する生徒もいるで

5　学校でのADHDの振る舞いへの対処

しょう。こうした生徒に対しては、さらに徹底した三次介入の前段として二次介入がとられるべきです。通常、二次介入は、短時間で実行でき、どの生徒集団にも共通する特徴が取り入れられ、積極的支援の追加投入となります（Fairbanks et al., 2008）。このような方略としては通常、日常の構造化を増強すること、いっそう頻繁に行動を鼓舞すること、適切な振る舞いへの称賛を繰り返すことが挙げられます。

確認と点検

二次介入のよくある例は確認と点検（Check In, Check Out＝CICO）で、これは行動教育プログラム（BEP）としても知られています（Hawken & Horner, 2003）。これは全職員が承服し、ADHDを抱える生徒を含めた全生徒に利用可能な、学校をあげての介入となります。この介入の対象となるのは、どちらかといえば軽度の秩序を乱す問題行動を起こす生徒です。例えば、ADHDを抱える生徒によく見られる、唐突にしゃべり出す、作業の達成にムラがある、のろのろしている、課題以外のことをする場合です。

CICOを行なうにあたっては、まず登校時に成人と一緒に確認をします。この時点で、期待されていることが吟味され、その日の行動目標が作られ、必要な教材を生徒がもっているかを成人が確認します。生徒は、学校にいる間じゅう決まった時間毎に、得点や特別な功績という形でのフィードバックを与えられます。下校時に生徒は、同じ成人と一緒に点検をしますが、その際には、得点用紙を検討したり、目標に到達しているかを判定したり、承認を付与されたり、家庭

で親に見せるために記録のコピーをもらったりします（Fairbanks et al., 2008）。

こうした日々の記録を集積したデータによって、生徒は毎週、自身の振る舞いを解析し、長所と短所を把握し、行動上の問題を惹起させるパターンを特定することが可能となります。自己点検とデータ解析との同時進行により、生徒の自己管理技能が育成され、これまで以上に自身の振る舞いに責任をもとうとするようになります。次第に、振る舞いの管理は、教師もしくはカウンセラーによるものから、生徒自身によるものへと移行していきます。

ADHDを抱える生徒は、このような形の二次介入によって多大な利益を得ます。教師と学校カウンセラーが適切な支援を行なえば、多くの生徒が、質あるいは量においてこれ以上の特定された介入を必要とせずに済むでしょう。学校が一丸となって取り組む、初期もしくは一次の断固たる行動アプローチは、全生徒が行動面を改善させる端緒となりえます。この経緯についての詳細は、www.pbis.orgを参照ください。二次介入を必要とするのは、概ね小学生では11％、中学生では26％、高校生では29％です（Horner, 2007）。ADHDを抱える生徒は、多くの場合、スクールカウンセラーなど専門家が行なう、さらに生徒に的を絞った、徹底した三次介入を必須とする生徒総数の5～10％に含まれます。以下に挙げる介入は、そのような生徒へのさらなる集中支援の実現を狙ったものです。

3. 一人ひとりに合わせた断固たる介入

ADHDを抱える生徒には問題を解決するための行動に向けた、さらに個別化された介入が必要となることがよくあります。以下に示すのは、学校カウンセラーが注目することとなるADHDにまつわる一連の行動に対処するための介入法です。

a. 怒りの管理での困難

ADHDを抱える子どもの多くは、感情の統制に問題を抱え、激昂しやすく、そのままに表出させてしまう傾向があります。上下するヨーヨーのような感情のジェットコースターに乗っているように見えるので、周囲の人たちは何かもしくは誰かが刺激しはしないかと、薄氷を踏む思いでいます。

ライアン（13歳、中学1年生）は、動転して教師や同級生に大声を張り上げるのをなぜ止められないのかといったことを、カウンセラーに話しながら想起します。「カッとなると、話していることをやしていることを止められなくなるんだ。それで、他の人たちは怒ってしまう。ボクの人生はずっとそんなことばかりだ」と述べます。教師はライアンのふんぞり返った態度に惑わされ、ライアンの謝罪は厄介を避けようとする手段にすぎないと考え、その謝罪をはねつけることがありました。いくつかの出来事が起きた後、ライアンはだんだん寡黙になり、「気にせず、親に電話してください」という言葉以外だんまりを決め込んだと、カウンセラーに表明しました。内面の苦痛と当惑は、振る舞いに頓着せず、何も改めようとしない子どもを演じる身体言語や言葉によって見えなくなっていました。

ライアンのような子どもは感情を言葉にするのが苦手なために、不満を募らせ、それを暴力や、ののしり、からかい、中傷などで表現することがたまにあり、他の生徒が助けを求めて教師の許へ駆け出す事態となります。こうした発露を処罰したり、非難したりしても、通常はただ問題を拡大させるだけで、多くの場合さらに激しい爆発や振る舞いを招きかねません（Lougy & Rosenthal, 2002）。

スクールカウンセラーに求められることは、こうした生徒が自分で怒りを抑えたり、うまく制御したりする方法を見つけるように手助けすることです。生徒が怒りの感情や爆発を抑えられるようになるための援助は、容易なことでも完璧にできることでもありません。ADHDに罹患した生徒は、たとえ薬物治療を受けて怒りを制御しにくいことがよくあります。疾患のために怒りを制御しにくいことがよくあります。

成人の責任

介入を成功させ、効果をあげるためには、チーム・アプローチが欠かせません。チームには、生徒、教師、親、カウンセラー、医師（子どもが服薬している場合）が含まれます。年齢や学年を問わず、生徒だ

けへの介入に留まれば、その生徒が学校で秩序を乱したり、怒りを爆発させたりするのを阻止したり、最小にしたりするのに役立つ行動を促進するという目標に到達したとしても、あまり長くは続かないでしょう。

生徒の責任

生徒による関与の程度や水準は、その成熟度や年齢によって決まります。潜伏期初期の子どもは、多くの場合、感情の爆発を自己制御したり、観察したりするほどには成熟していません。9歳～10歳を過ぎると、自分の受ける治療のなかでもっと前向きな役割をとれるようになります。例えば12歳の子どもは、6歳の子どもよりも、怒りに対処する方策を学び、その恩恵を受けるのです。

カウンセラーは、ADHDを抱える生徒が、中傷への対処、面倒なことにならないように「いや」と表明すること、自己制御活動（自問自答）の習得、動転している際の自分の感情を見定めるといったことを習得するのを援助するうえで中心となる役割を果たします。しかし、こうした課題に取り組むために、学校カウンセラーは怒りの管理や自制を巡る子どもの難点の根底にある本来の障害を理解する必要があります。どんな介入でもそれがうまく前段として、カウンセラーが生徒と確固たる信頼関係を展開させねばならないことは言うまでもありません。その作業にいくらか時間がかかるかもしれませんが、よい方向への行動変容を起こす過程には信頼関係が不可欠なのです。自分の問題について話す時に、ひどく構えてしまい、心を開くことが非常に困難な生徒もいます。カウンセラーは、生徒が押し黙ったまま

でも、腹を立てたり、不満をもったりしてはなりません。なぜならば、沈黙もコミュニケーションの一型なのです。時間とともに、ADHDに罹患した生徒のほとんどが、カウンセラーを信頼するようになり、最も緊急を要する問題を腹蔵なく共有できる、安全で尊重される場をカウンセラーが提供できることが分かるようになるでしょう。

子どもが診断について理解することの重要性

罹患した子どもが感情や学習に伴う困難に対処できるよう援助していくうえで重要な第一歩は、診断について子どもと話をする時間を設けることです。診断について豊富な知識がある子どもいれば、ほとんど理解のない子どももいることにカウンセラーは気づくでしょう。子どもが否認しているものもいるものです。子どもが否認していると、介入や学校による支援に抵抗することが多々あります。診断を巡る思いを子どもが話題にし始めることが重要で、そうなると支援しようとする学校の介入に心を開くようになるでしょう。

著者は、次の提案が診断について子どもと話をする時に有益であると考えます。

- 学校でADHDと診断されているのはその子だけではなく、カウンセラーは学校でADHDと診断されている他の子どもの援助にもあたっていることを子どもに伝える。
- 疾患に由来する困難だけでなくその子の長所についても話題に取り上げるよう心掛ける。そうしながらも、ADHDが反映されるのは、子どもの能力やパーソナリティの一部分に限ら

れることに留意する。能力や振る舞いの不出来を説明したり、その原因として挙げられたりする要因は数多くある。

- ADHDの診断基準が記されているDSM－Ⅳ－TR（2000）を一冊手元に置いておくことが役に立つ。著者の経験では、自分の行動を物語るいくつかの特質について書かれたものを生徒が読むことで、否認が受容に転じたことがあった。それでも、どんな介入でもそうだが、こうした提案（診断基準を読ませること）を試みるには、カウンセラーが子どもと思いやりのある協力関係を築いておくことが前提となる。

- 子どもの年齢によって、共有できる情報量が異なることにも留意する必要がある。親が子どもにADHDについて話すための援助について述べた部分ですでに示唆したように、子どもが9歳以下の場合は、疾患の一般知識だけが必要となる場合が多い。例えば、「ボビー、お母さんから、あなたがADHDと診断されたと聞きました。ADHDがあると、自分の気持ちを抑えられなくなるときがあるんだ。休み時間に興奮しても、あまりカッとならずに済む方法を一緒に考えてみましょう」。もっと年長であれば、この疾患が学習や行動にどのような影響を及ぼすかについてより現実に即した内容を伝える。例えば、「サラ、ADHDの場合、テストを受ける時に時間を延ばしてもらうことが必要な時もあるのよ。ADHDを抱える他の生徒と同じように、あなたも時々授業中に注意散漫になってしまって、テストを終えられないこともあるでしょう。歴史のテストが最後まで終わっていない時に、レイノルズ先生があなたを図書館に行かせて、テストの続きをさせるのは、そういうわけなのです」という。

- カウンセラーは、学校関係者や親による観察では、ADHDの症状が薬物療法によって劇的な改善がみられるにもかかわらず、拒薬する十代の子どもに出会うことがある。こうした例の多くには、投薬による（食思不振や頭痛のような）明白な副作用は見られず、注意や集中の改善に適量が処方されているように思われる。子どもは、「何も起こらない」「どこも変わらない」「薬を飲んでいると、自分が自分ではないようだ」「もう、おかしいところはない」と述べる。話を聞いていくと、その言葉の背景が明らかになることがある。すなわち、特に多動や衝動が見られる十代の子どもは、衝動の統制により友達との付き合いで「のびのびと振る舞えない」（つまり、もうクラスでおどけられない）と受け取っていることが分かる。薬による変容を不快に思う子どもに対して、最初にとるべき最善策は、投与量を少し減らすことである。そうすることで、投薬によるADHD症状の改善という利点を温存したまま、十代の子どもにまだのびのびと振る舞えると感じさせることができる。

結論としては、子どもと診断に関する話し合いを何回かもつことが大事です。そうした場を重ねることで、ADHDという疾患が、子どもの行為や決意を説明するうえでどれほど大きな影響力をもっているかを話題にする契機が得られるでしょう。それでも、ADHDが「（モノポリー・ゲームの）刑務所釈放券」になるわけではありません。罹患

5 学校でのADHDの振る舞いへの対処

した子どもは、行動に責任が伴うことを理解しなければなりません。カウンセラーは、生徒がより良い問題解決法を見つけるのを援助しますが、かといって、攻撃や反抗を伴う振る舞いを弁解すべきではないのです。

4. 怒りの制御に役立つ介入

小学生

著者の経験では、小学校3年生までの行動変容には、主にカウンセラー、教師、親の介入が作用します。そうした理由で、この三者が一致協力することが極めて重要と言えます。低年齢の子どもの場合、一般に内的な統制の所在（locus of control）〔訳注 行動や評価の原因を自己や他人のどこに求めるかという教育心理学の概念〕と言われるものが、神経発達に関わる要因のために、概して未発達であるということを保護者は理解しておく必要があります。一般に幼い子どもは、行動の結果を他者のせいにして自分の統制外にあると受け止めがちです。そのため、多くの場合、自分の行ないに対する責任を申し出たりはしません。時を経て、経験を重ねるにつれ、子どもは行動の結果を自分で制御できることが分かってきます。つまり、自分に起こることに影響を与えられるのです。外部からの行動観察や強化子（トークン）〔訳注 行動療法において、適切な反応に対して報酬として与えられるコインやカード〕、建設的行動介入や強化子、ソーシャル・ストーリー（Gray, 2006）（http://www.thegraycenter.org）による正の強化が、幼い子どもの問題を帯びた行動に対処したり、それを最小化したりするのに非常に有効です。

幼い子どもは、多くの場合、自分で始めたり、終えたりしないので、行動制御の仕方を学ぶために、大人による介入や直接支援を必要とします。たとえ幼い子どもが常に適切な行為というものを分かっていたとしても、教師は幼い子どもが常に適切なことをすると期待すべきではありません。罹患している幼い子どもだと、何をすべきか分かりながらも、一貫してそれを行なうのは大変困難なことがよくあります。

著者は、教室や運動場といった学校場面では、介入を簡潔で矛盾のないものにしておくことが最善であると認識しています。あまりにも込み入った、教職員による常時の観察や多くの時間を要する介入であれば、いつも同じ調子で取り組むことができず、結局は失敗に終わります。ですから、以下に示すような介入は、カウンセラーが教師と一緒に共有できるやさしい方法と言えます。著者はこれでうまくやってきました。これらの方法は、通常は、クラス担任による時間管理をほとんど必要としません。

緑色、黄色、赤色カード（幼稚園児から小学校3年生）

緑色、黄色、赤色の紙を2×8インチの長さに切ってください。この紙は、子どもに怒ったり腹を立てそうだったりする様子が観察される時に、教師あるいは子どもが利用します。緑色の細片は、子どもの感情が統制されており、満足な状態であることを示します。黄色の細片は、よく分からない、かんしゃくを起こしそう、動転や立腹の始まりを示唆します。赤色の細片は、立腹した状態にあり、落ち着くために時間が必要であることを意味します。腹立たしく感じると子どもは

教師に黄色か赤色の細片を掲げて、どのような感じなのかを表明できます。そうして憤怒や動揺が鎮まるまで、グループ活動を離れ、独りでいられる静かな場所（落ち着くための領域）に行く許可を得ます。こうした技法は、子どもに感情を自己監視する契機と、感情に対処するための好ましい方法とを与えます。幼い子どもの場合、教師はさらに直接の関与を増やします（例えば、子どもが興奮しかけているのを観察した時に、教師が色付き細片を子どもに手渡す）。

この介入では、生徒がそれぞれの状況を緑色、黄色、赤色で評価したうえで、怒りへの有効な制御法やセルフトークによる説明を促すこともあります。例えば、テイラー医師（Taylor, 2006）が奨励しているのは、自ら開発した同様な介入法（赤色光、黄色光、青色光技法）で、子どもは覚えやすいセルフトークを使うよう指導されます。赤色細片の状況では「口チャック、まわれ右、その場を離れよ」、黄色細片は、「落ち着け」「抑えて」、緑色細片の状況では「このまま、楽しめ」といった具合です。

こうした介入は、授業日を通して断続してなされなければなりません。また前向きな選択をした際の強化にも用いられます。子どもが動揺や口応えをせずに、落ち着ける場所に行くことができれば、教師や親から褒美をもらったり称賛されたりするのです。目指しているのは、子どもを親から罰することではなく、憤怒感情に進んで対処する方策を子どもに提供することなのです。

ロボット‐縫いぐるみ技法

この技法は、9歳以下の子どもに適しています。個別でも集団（集合時間帯）でも実践できます。ロボット・縫いぐるみ技法は、幼い子どもに有益な筋肉緊張・緩和アプローチです。この技法はカウンセラーの診療室でも家庭でも強化され、実践することができます。

教師もしくはカウンセラーは子どもに、全身のすべての筋肉を緊張させ、ロボットになった自分の映像を心に浮かべるよう伝え、こうした状態を約15秒続けてもらいます。その後、子どもは全身の緊張を緩め、縫いぐるみ人形のようになっている映像を想像するよう求められます。その緩和状態は15秒間持続きます。教師やカウンセラーは子どもがリラックスする方法を身につけたと思われるまで、この技法を練習する時間をとります。また、親に家庭で子どもとこの実践をするよう奨励しておきます。

〔ブルームクエスト（Bloomquist, 1996）より〕

口を閉じる

「口チャック、まわれ右、その場を離れよ」というジョン・テイラーの介入が、相互攻撃のエスカレートを防ぐうえで効果を発揮する場合があります（Taylor, 1994, 2006）。この簡単な語呂合わせが何回も繰り返されることで、子どもは動作を止めて、その場を離れて、落ち着くまでの間に行なう何か別のことを想起しやすくなります。子どもが幼

5　学校でのADHDの振る舞いへの対処

人は、中学校で教育に従事していた時に、教室の後方にベッドと枕を用意していました。焦燥感に囚われたり極度の注意散漫に陥っていたりして、落ち着きを取り戻すために時間が必要なADHDの子どもには、こうした場所が理想的な領域であることに気づきました。ひどく怒っているADHDの子どもを、ただ一人にしておけばいいわけではないということはよくお分かりでしょう。

子どもが立腹しているような時だけでなく、登校日を通じてこのような過程を踏むことが重要です。こうした実践を重ねるほど、不満な気持ちが問題として出てくる前に、子どもが自分でその気持ちを特定できるようになるでしょう。教師はこうした介入が教室での憤怒の発露を減らす明文化された手順となることを理解しておく必要があります。こうした介入は、子どもが動揺している時に、その動揺を識別していくことを教えるうえで極めて有益です。さらに、保護者にどんな気持ちでいるかを分かってもらう、世間で容認される範囲での見本となります。

3・2・1カード（4年生から6年生）

3・2・1カードは簡単に利用できる観察手段です。このカードにより教師は、生徒の気分を素早く観察することができます。約5センチ×20センチのカードに3・2・1の数字を振り、子どもに、カードを見た時、どの数字が今の気分を最もよく表わしているか尋ねます。3は「満足」を表わし、2は「よく分からない」、1は「憤怒」を示します。子どもが2か1と答えた場合、教師は子どもと話をしたり、励ましたりする時間をとります。子どもがかなり動転しているようであれば、落ち着いたと感じられるまで、落ち着かせるための場所に行くことを許します。教師の指示に従うことができれば、子どもは褒め言葉もしくはトークンを与えられます。どの介入も同じですが、親は家庭で子どもとこうした活動を実践するよう促されます。

生徒が落ち着いた状態とはほど遠い場合、身体鎮静活動（physical soothing activities）、例えば、幼い子どもであれば、優しく身体を揺らしてやる、年上の子どもであれば、積み重ねたスポンジのクッションやそれに類する場所を与え、できれば、穏やかで気持ちを受け止めてくれる大人に付き添わせる、などを併用しながら、落ち着くために適切なセルフトークを行なわせることが有用かもしれません。著者の一

テイク・ファイブ

テイク・ファイブ（発案者不明）は、子どもが憤怒に対処するのを助ける優れた手段です。視覚に訴える見本（図5-1「テイク・ファイブの手」を参照）を用いて、子どもを困惑させる憤怒やそれ以外の行為に対処する実践手順を提供します。潜伏期から思春期の子どもに最も良い方策となります。

図5-1に図示したように、子どもに5本の指を広げた手の絵を見

a. お勧めの観察手順

せます。それぞれの指が次のことを想起させます。(1) 落ち着く、(2) 選択肢を考える、(3) 結果を考える、(4) 決心する、(5) 適切なことを行なう。子どもはこの手順を家庭でも、カウンセラーの診療室でも、教室でも、実践できます。時とともに、カウンセラーでも同じですが、家庭で親子がこの介入を実践すると最も効果があります。

約20×28センチのコピー用紙もしくは約8センチ×13センチのカードに描き、生徒の机の内側に貼付けておきます。どの行動介入でも同い出したり視覚上の手がかりを目にしたりしなくても、子どもは改めて思階の手順を踏むことができます。

1. 新しい介入を導入した場合、当初3週間は、スクールカウンセラーは生徒が新しい行動を習得するのを観察し、支援すべきである。そのために、少なくとも週1回は教室に出向き、生徒がその介入を理解し、指示通りに取り組んでいるか査定する。カウンセラーは教師に子どもへの介入を実行するよう頼み、自分は子どもの取り組みを観察できるようにする。

2. カウンセラーは、子どもの3週間にわたる進歩に関するデータを見直すために、週に2回教師に会わねばならない。データは、さらなる観測と訓練とが必要であるかどうかを決定するのに使う。

3. カウンセラーは、教師の介入によって子どもが進歩したことテーションを続ける必要がある。子どもの怒りの発露が軽減しないうちは、コンサル

テイク・ファイブ

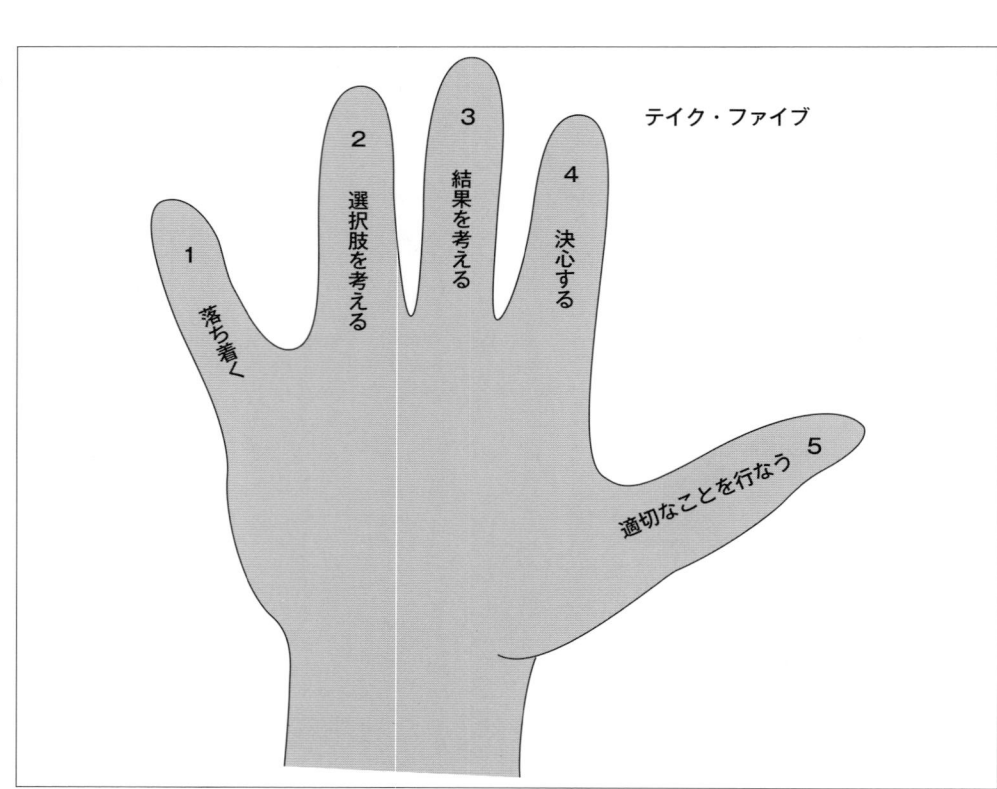

1 落ち着く
2 選択肢を考える
3 結果を考える
4 決心する
5 適切なことを行なう

図5-1　テイク・ファイブの手

を示すデータを再検討するために、親にも会うべきである。この時点で、さらなる介入もしくは介入過程の変更について提案がなされる。

4 カウンセラーは、行動変容の過程における進歩を示すデータを再検討するために毎週生徒にも会うべきである。視覚あるいは具体例により自分の振る舞いが改善していることを示すデータを当の生徒に分かってもらうために時間をとることは重要である。インターベンション・セントラル（www.interventioncentral.org）には、多くの生徒観察書式が提示されており、教師や生徒は、その図やグラフに手を加えたうえで進捗具合を観察するために利用できる。

5 子どもが薬物による治療を受けている場合、カウンセラーは、投薬によって起こりうる副作用について医師と話をするために、親から情報を公開してもらうべきである。ADHDを抱える子どもには、薬剤の種類を問わずその有効性に影響を与えうる併存疾患（抑うつ、不安、反抗挑戦性障害〈ODD〉）が発現する可能性がある。薬剤が必要な場合には、最大効果が得られる至適用量を見つけるために幾度も調整が必要になることが多々ある。注意の焦点を絞り、行動を統制するといった子どもの能力に、薬剤の効果が見られない場合、そのことを親や医師と共有する必要がある。もう一つ付け加えておきたいのは、たとえ薬剤がADHDの中核症状に作用したとしても、併存疾患が子どもに深刻な行動上の問題を引き起こす可能性があることである。このことは特記すべき重大事項である。というのは、子どもが授業中、依然として焦燥感にかられ、協調性がないという場面に教師はよく遭遇するが、多くの場合、このような行動は気分障害や反抗挑戦性障害を反映したもので、必ずしもADHDの診断と関連するものではないからである。

6 ADHDを抱える子どもには、行動面や学習面での介入に影響するかもしれない危険因子を査定し、それを取り上げる個人カウンセリングが役立つことがあるだろう。場合によっては、怒りがカウンセラーの診療室での個人面接を必要とする深刻な問題の糸口となることがある。

中学生と高校生

中学生や高校生の年齢に達すると、通常、自分の感情や我が身に降り掛かってくることを制御する力が高まってきていることを理解しています。学校であれ家庭であれほとんどの時間、自分が事象や状況を以前より制御できていると受け止めています。ですから、この発達段階にある子どもが状況をいくらか制御していると自覚している場合、実際に行動を調整したり観察したりする能力を有しているのです。ところが、追い詰められて、選択の余地がないと感じている場合は、制御するという感覚を失ってしまっているので、無謀な行動に走ることが多いでしょう。思春期の若者は誰もがこうした制御の問題に苦闘するものですが、ADHDを抱えていれば、その疾病のためにそれがさらに深刻となりますが、それでも自助方策を直接教えられると、怒りを抑えることができます。この年齢では、自分の治療にもっと参画させるべきなのです。

青年として、彼らは不満を拝聴してもらい、尊重され、選択肢を与えられることを求めると同時に、さらなる独立と自制の方向に自らを駆り立てます。自意識過剰で、仲間内で「笑い者にされない」よう過敏になります。成熟するにつれて、同輩や大人からどう対処されたいか、について一家言をもっているのです。大人になると、子ども時代が変化と学習の途上にあることを往々にして忘れるものです。(ギリシャ神話で)ゼウスの頭から生まれたアテナのように、いきなり大人の姿になる人間は極めて稀で、皆がゆっくりと、徐々に段階を踏んで、一人で判断できる大人になっていきます。ADHDに罹患した若者は間違うこともあるでしょうが、そうした難しい時期に大人がどう対応するかで、大人による助言指導を受け入れられるかが大きく左右されます。

青年に焦点を絞ったいくつかの介入は、幼い子どもで話題にした介入と同様なものです。しかしながら、青年の場合は、介入の遂行によく馴んで自らを投入することが期待されます。それでも、ADHDとよく併存するいくつかの疾患がある場合は、罹患した青年の協力や遂行が難しくなる場合があります。とりわけ、ADHDを抱える青年は、不安、反抗挑戦性行動、抑うつの影響を受ける可能性があります。罹患した生徒のなかには少数ですが、強迫性特質と、聴覚処理障害のような認知過程に障害を抱える者もいます。ですから、カウンセラーや教師は、時には自分たちの介入が期待ほどうまくいかない場合があるのだとあらかじめ認識しておく必要があります。こうした青年のなかには、学校での振る舞いに対応する支援を追加しなければならない場合もあるのです。

セルフトークによる対処

幼い子どもの場合と同じように、セルフトークを実演して教えることは、年長の生徒の怒りの爆発と満ち足りない感情を緩和するのに非常に有益な場合があります。年長の生徒は、こうした技法を受け入れやすいことが多いものです。というのも、そうすることでうまくいく経験をしたり、その気づきをカウンセラーや教師に言葉にして伝えたりするからです。自力で実践できることで、すぐにイライラしてしまうのを改善させる役に立つのだと理解できるのです。

教師やカウンセラーは、生徒が動転した時に、口にする対処策となるセルフトークの例を提示できます。それでも最初に、教師もしくはカウンセラーが生徒に数分間、セルフトークとは落ち着くために自身への語りかけを行なうことだと説明しておく必要があります。そうしたうえで、ブルームクエスト医師 (1996, p. 156) が示唆している以下のような例を示す必要があります。

- 「気持ちを楽に」
- 「冷静に」
- 「深呼吸をする」(子どもがどうすれば良いか理解できるように、教師は深くゆっくりした呼吸をして見せる必要がある)
- 「うまくできなくてもかまわない」
- 「ボビーが遊んでくれないのは寂しいけれど、遊べる子は他に

- 「もいっぱいいるよ」
- 「ただ最善を尽くす」
- 「あきらめないようにしよう」
- 「リラックスしなきゃ」

生徒がこうした概念を理解したようであれば、落ち着くためのセルフトークを、登校日を通じて何回も実行し、利用するよう生徒に促す必要があることを教師が自覚しておくことです。生徒はこうした介入は、カウンセラーの面接室や家庭でもできます。家庭で強化し実践することで、生徒にもっとリアルタイムな機会を提供できることに、筆者は気づきました。しかし、思春期の子どもを育てた親なら誰でも分かるように、思春期の子どもは親の助言をいつも受け入れるわけではありません。それでも、子どもがセルフトークを用いた時に、そのことを指摘して正の強化を与えるとすれば、それが驚くべき底力を有する強化子となりえるのです。

いくつかの例を指摘するこうした活動は、休憩や中断（30秒で合図）を置く直前に習慣として行なうことができます。例えば、生徒が次の作業への切り替えが大変だと教師が気づいている場合（イライラしている時に、穏やかなセルフトークを用いるよう静かに促しておく）や、あるいは罹患した生徒に怒りの感情に対処する方策として合図が必要とされるような校外学習の場で実践できます。高校生は同級生の前で教師から話されるよりも、カウンセラーの面接室でプライバシーを保護されて、話し合ったり、練習したりする方が、この方略を喜んで受け入れるようです。概して、思春期の子どもは自分の振る舞いを中心と

した話し合いがクラスで行なわれることに抵抗するものです。思春期の子どもにこの種の介入を行なう最善の環境は、一般にカウンセラーの面接室でしょう。

こうした介入の利点は、生徒が怒りや不満に対処する新しい方法を見つけるのに役立てることができることです。介入は生徒が感情を爆発させたり気分が落ち込んでいたりする時だけ用いるのではなく、一定の間隔でに実践しておくことが肝要です。罹患した生徒は喚起の合図や練習をより多くに必要とします。というのはADHDを抱えていない青年のように、過ちから学習しないからです。それでも、この介入は学校場面で用いられるその他の介入よりも、教師やカウンセラーが時間をかける必要があります。それでも、終生役立つ対処技能の習得は、時間と労力をかけるだけの値打ちがあるものです。

b. 怒りに対処する手順での自己監視用紙

自己監視（Self-monitoring）には生徒の協力が必要です。通常、この介入は怒りを抱えていて自分の役に立つことに取り組む意欲がありそうな生徒に推奨できます。子どもが日記に、怒りに対処するのに役立つ手順を書き留めることが必要です。ブルームクエスト（1996, p.164）は、「怒りへの対処ワークシート」として以下の6段階を提示しています。

（1）どんな問題やイベントであろうと、怒りを招来するものをすべて列挙させる。

(2) 自分が怒っていると分かる身体、思考、動作について列挙させる。例えば、「心臓がドキドキしていた」「思わず殴りそうだった」「拳をおさめながら、怒鳴りつけていた」。

(3) 身体をリラックスさせるためにできること、例えば深呼吸、対処のためのセルフトークなどを列挙させる。

(4) 思考を制御するために使える対処のセルフトークを列挙させる。例えば、「少し深呼吸して、身体をリラックスさせよう」とか「その場から離れよう」。

(5) 状況に対処するためや問題を解決するために有効な動作を列挙させる。例えば、「別の友達と一緒にいる」とか「落ち着いて、動揺がなくなるまで、友達と話さずにいる」。

(6) どの程度うまく怒りに対処できたかを、4段階尺度を用いて自己評価させる。

◎怒りへの対処の評価（一つを選び、○で囲みなさい）

・怒りをどうにかしようとはまったく思わなかった。
・いくらか怒りに対処しようとしたが、実際にはうまくいかなかった。
・一生懸命、怒りに対処しようとしたが、実際にはうまくいかなかった。
・一生懸命、怒りに対処しようとして、うまくいった。

ブルームクエスト（1996）は、子どもが怒りを感じている間に、この手順を踏むことを勧めていますが、事後に用いてもうまくいきます。時間をかけてデータを集積すると、怒りに対応する際の進歩を評価する学習素材となります。怒りに対応するのを困難にしてきたある種の状況、出来事、人物と関連のある行動パターンに気づけるかもしれません。自分の行動パターンを認識できると、生徒は自らに降り掛かってきたことを統制できると感じやすくなります。そして、自分の行動を引き起こすものについて理解すれば、それを回避する方法を学ぶことができます。

著者はこうした過程では、生徒の動機づけが高まることに気づきました。というのは、生徒はそうしたデータから自分が改善できることを理解するからです。カウンセラーは、図表や説明を用いて生徒が自身の振る舞いを追跡できるシステムを設定することができます。どちらも生徒自身で開発することも、また www.interventioncentral.org といったウェブサイトから入手することも可能です。カウンセラーは、（潜伏期後期、思春期の子どもに）データを日誌に記録し、カウンセリング面接の場に持参してもらうために報酬システムを設けることができます。しかし、生徒がデータから進歩していることを理解すれば、多くの場合、報酬システムは不要となります。年長の青年であれば、大人による強化（進歩が実現し、行動の改善を前向きに伝える確認）に最もうまく反応するものです。

こうした介入は教室ではなくカウンセリング面接で行なわれる必要があります。成功させるために次のような多くのステップを踏まなければならないからです。

5　学校でのADHDの振る舞いへの対処

- 子どもが十分この介入を受け入れる準備ができているかを判断する。例えば、抵抗が強すぎることはない、十分な年齢である。
- 子どもに自分が腹を立てている時の徴候を理解させるよう促す。例えば、「顔が赤くなった」「自分はバカだと独り言を云う」怒鳴ったり、叫んだりする。
- 子どもにリラックスする方法を教える。
- 子どもに対処のセルフトークを使うことを教える。
- 怒りへの対処の見本を示す。
- 型通りの怒りへの対処手順を観察し調整する。

こうした特殊な介入についてさらに検討するために、読者には、ブルームクエストの名著『行動障害の子どものための技術訓練』(Blloomquist 1996, p.164)をご覧になることをお勧めします。

タイムアウト

タイムアウトは、生徒にいくらかの時間を一人で過ごすよう求める介入です。主に4歳～12歳の子どもに有効です。したがって、中学生と高校生の場合は、事例に応じて使用するとよいでしょう。

c. タイムアウトの目的

タイムアウトの時間を設ける目的は、処罰ではなく、生徒が学級活動に参加できるようになるまで落ち着かせることです。中学校と高校でタイムアウトについて話題に取り上げる場合、タイムアウトを生徒と教師との自由意思による契約に基づく合意と見なすことを提案します。生徒が、落ち着きを取り戻し、集団活動に戻るために時間が必要であることを申し出る手段であると教師生徒の双方に見なされるべきです。生徒が、ひどく動揺していると自覚した時点で、タイムアウトを設けるかどうか選択肢を与えることも重要です。タイムアウト中であれば、生徒は心地よい音楽(もしくは、ホワイトノイズ)が流れるヘッドホーンのような落ち着くための器具を利用できます。教室によっては、毛布、動物の縫いぐるみの類いなどが置かれていることもあります。これらは興奮もしくは立腹した子どもの感覚を和らげたり、集中させたりするための格好の素材となります。タイムアウトは、他の対処技能と並んで、大声を上げたり、教室から飛び出したりすることよりも好ましい選択です。大人であれば、あらゆる状況でタイムアウトの過程を利用しています(例えば、夫もしくは妻が、立腹している配偶者から離れて気持ちを落ち着かせようと、仕事部屋やガレージに赴く)。夫婦喧嘩の場合もそうですが、タイムアウトは、怒りを和らげるための一時の手段であって、問題を回避したり、授業学習から巧妙に逃れたりするための方策ではありません。

この契約は明瞭で、教師と生徒の双方により理に叶っていると見なされる必要があります。教師と生徒双方にとっての目標は、生徒が自己を制御するための方策を見つけ出し、かつ教師と生徒の間の良好な関係を維持するのに役立つものであるべきです。これは、どちらかが損得をしてどちらかが損をする過程ではなく、双方に利がある過程と見なされるべきです。

著者としては、中学生が登校日に、タイムアウトを使える回数には制限（せいぜい3回まで）を設けることを提案します。制限により、生徒はタイムアウトの時間枠を使わずに穏やかになることができるかどうかを判断せざるを得なくなります。タイムアウトの時間枠を使用する前に熟考することになり、生徒が対処のためのセルフトークなどの手法を実践することに役立ちます。それでも、最初の段階では、一触即発の状態にある生徒に即時の支援を提供するために、時間枠の制限回数を設けずにタイムアウトを始めることが必要な場合もあります。

d. 中学校と高校でのタイムアウト

中学校や高校ではタイムアウトによる介入を設けにくくなりますが、不可能というわけではありません。カウンセラーと生徒に関わる教師とが話し合いをもち、媒介変数（parameter）を設定することが必要となります。言うまでもないことですが、中学校や高校では授業担当の入れ替えが何回もあるので、カウンセラーと生徒に関わる教師全員とが頻繁に連絡をとりながら、方法と手順とを適宜、調整する必要があるでしょう。著者の一人は中学校の学校カウンセラーをしていましたが、罹患した生徒の多くにこうした介入を用いて成功してきました。その際、週に一回生徒に会い、進捗について点検しました。話し合いには生徒に関わる教師にも参加してもらい、生徒が動転した時には、教室の後方へ行ってもらい、自分で怒りが和らいできたと感じられるまで授業に参加しなくても良いことが合意されました。生徒はカウンセラーと一緒にセルフトークによる介入を練習し続けることで、どちらかというと、短期間のうちに、大概はこうしたお膳立てがなくても、うまくやっていけるようになりました。

うまくやっている状態を捉える

教師がADHDを抱える子どもを受け持つ場合、適切な振る舞いを方向づけ（shaping）、強化する最善の機会を見逃さないことが肝要です。うまくやっている状態を捉えること。この手順を失敗してはなりません。専門家たちが口を揃えて言うのは、多くの教師は称賛の有する強力な効果を知りながら、実際にはそれを十分に活用していないことが多いことです（Conroy et al., 2008）。ADHDを抱える子どもの場合、即時の強化が最良の反応を引き出します。ADHDを抱える子どもの振る舞いへのプラスの評価が早急であればあるほど、強化の効果が高まります。強化はトークンの形ではなく、ごく単純な、率直な、曖昧ではないコメントを用いるべきです。教師が発言のなかで標的行動を強化し、特定している時、称賛は具体性を帯びます。

- 「ボビー、今日のように算数のプリントを提出できるのはすばらしい。いつも忘れずにいることは大変だからね」
- 「サリー、怒りが込み上げてきた時にアリスから離れたことは、嬉しかったよ。あんな時に、思い留まってその場を離れることは難しいからね。ちゃんと見ていたよ。ありがとう」
- 「トム、試験中、ライアンが話しかけようとしていたね。先生

がライアンの席に行くまで無視していられたことは、すばらしいよ。友達だとなかなかできないことだからね。ありがとう」

適切な振る舞いを評価され、それを取り上げられることで、生徒は自分の行ないが正しかったのだとすぐに理解します。「よーし、良い子だ」と声をかけられても、それは曖昧で、その直前に何をしたから「良い子だ」と言われたのか生徒には分からず困惑することがよくあります。適切な振る舞いに称賛と承認を与えることが非常に大切な関係を作り上げ強化することと、生涯にわたる社会技能の発達を促す行動の方向づけによってもたらされるからです。一般に、教師は矯正を目的とした言葉をはるかに上回る量の、褒め言葉を伝えるべきです。例えば、グッドとグロウ（Good & Grouws, 1977）は、教師が用いる前者と後者の言葉の比率を1対4もしくは5とし、その割合を維持するよう努めるべきだとしています。カウンセラーは次のことを大いに重視すべきです。それは、生徒教師間に信頼や思いやりの関係が定着していなければ、どんな手法や介入を用いても、子どもに本当の意味での長期にわたる変化を引き起こすことはないだろうということです。

e. 理屈っぽい振る舞い

ADHDを抱える子どもはよく反抗し理屈っぽい印象を与えます。多動・衝動優勢型の子どもの多くが、将来、反抗挑戦性障害（ODD）

と診断される可能性があります。また一方、時にはかなり理屈っぽく見えても、言動の調整が極めて困難で、心配性で、衝動性の高い生徒である場合もあります。

失敗を恐れたり、実際に仲間の前でしくじったり、あるいは自分の言葉を制御できないといったことを隠そうとして起こる衝動行為と、反抗挑戦性障害による行動とを別のものとしてみようとすることは重要なことです。

ADHDを抱える子どもは、以下のような状況に直面した時、言動を加減できないことがよくあります。

- したくないことをするよう求められた時。
- それほど楽しくないことをするために、今楽しんでいることを止めるよう求められた時。
- 意識しないでやっているようなこと、例えば、足をトントンと叩く、ワークブックへの落書き、教師の講義中に席を立ち教室を徘徊する、休憩に入る前の本の片付けを忘れるなどを止めるように求められた時。

反抗挑戦性障害による行動は、一般には、二カ所以上の異なる環境で慢性的に見られます。反抗挑戦性障害とは異なり、理屈っぽい振る舞いは詳しく見ると状況に依存することが多く、概してADHDに罹患した子どもが不愉快なことをするように求められた時に現れます。その背後にあるテーマには単に「したくない」だけではなく、不快に感じ、そうすると不安になりそうな何かがあるのです。

ADHDを抱える生徒は開き直り、理屈っぽくなることがあります。このことは、いくぶん不注意で衝動性のみられる十代の若者に特に当てはまります（Barkley & Robin, 2008）。実際に、そうした若者の特質および子ども時代の保護者との相互作用を考えると、こうした若者が教師や親からの「付きまとい」や「要求」に、否定的な情緒反応をとる行動パターンを展開させるものです。残念ながら、保護者の反応がより強制的な要求じみたものになることはよくあることです。バークレーとロビン（Barkley & Robin, 2008）は、次のように記述しています。

　子どもが注意を維持できず、衝動に走り、じっと座っていられない場合、――たまにではなく、その子の特性であるといっているとすると――、親（と教師）は指示を増やし、間近で監督し、口うるさくなり、子どもを肯定するというよりも否定する方向で接する比重が過度に多くなるという結果に陥りがちである（p. 57）。

したがって、カウンセラーは教師にこうなる可能性を警告し、このような相互作用のパターンにもっと気をつけるよう働きかけるべきです。さらに、教師に努力してもらいたいことは、罹患した生徒の理屈っぽい振る舞いを増長させることに、教師側にどの程度の責任があるかを特定することです。教師が生徒との否定的および肯定的相互作用を分別し、一日のうちに何回それぞれの相互作用をもっているかを追跡するようになれば、そうした行動のパターンを変えようと努力できるようになります。

理屈っぽい振る舞いに取り組むための提案

- 次の授業に移る前に、生徒に授業内容を予告し主眼の変更があることを注意喚起する。例えば、算数を終えて英語を始めます、自主読書を止めて算数の教科書を開きます。

- 生徒にその日の目標は「混乱しても理屈をこねずに、分かりやすく説明してくれるように頼むことだ」と自覚させる。生徒によっては、質問を考えたり、分かりやすく説明を求めたりすることが難しい場合があるので、生徒に手本を示す。こういった言葉かけや手本は、授業開始時だけでなく、終日行なわれる必要がある。

- 理屈をこねずに、教師の指示に従うことが観察されれば、再三にわたり言葉で称賛を与える。繰り返しになるが、生徒に従順さが見受けられた時に、明確かつ率直な言葉による強化を与える。概して、ADHDを抱える子どもは罹患していない子どもよりも、正の強化を与えてもうまくいくことは少ないものである。それでも、称賛し曖昧でない報酬を与えることは大いに役立ち、生徒に対処する際の有益な手段と前向きな相互作用を教師にもたらす。

- 説明を含む強化を与えることで、生徒に適切な振る舞いが明確に提示され、教師と生徒との強力な関係が構築される素地が得られる。また適切な行動をとり周囲から認められていると自覚される。不当に扱われているという生徒の感触は減少する。

指示に従わせ教師に反論させないために、報酬もしくはトークンを用いる(これが最も有効なのは、潜伏期の子どもである。思春期になると、概して、教師と子どもとが心底から話し合ったうえで合意した契約の方にもっと良い反応を示す)。

- 問題の克服や解決に、生徒が関心をもっているかを査定する、カウンセラーは反抗挑戦性障害による行動をADHDの特性と混同しないための援助ができる。問題について話し合うことよりも、教師を打ち負かしたり怒らせたりすることに子どもの関心がある場合には、通常、対話をしてもこの反抗挑戦性障害による行動を改善するための援助とはならない。子どもはその時点では問題を解決しようなどとは思ってもいないので、話をする以外にもっと即効性のある働きかけが必要である。

f. 反抗行動と偶発行動

ADHDを抱える子どもは、求められていることを拒否すると見なされがちです。実際には、その多くは反抗としての行動ではなく、忘れずに覚えていることが困難であるために生じているのです。反抗することと忘れやすいこととを別個に考えることが非常に重要です。反抗もしくは不従順な行動は本来、目的があり意図があってなされます。それに対して忘れやすいことや気が散りやすいことは、元来、故意ではありません。残念なことに、授業中にこの二つの行動を区別しにくい場合が往々にしてあります。それでも公正を期するために、両者を弁別する方法を見出す必要があります。

故意ではない行動と反抗とを識別するための提案

- 教師は生徒の机の脇に立ち、生徒が割り当てられた課題に取りかかるのを待つ。ADHDを抱える子どもは、通常一人で取りかからずに、教師もしくは補助スタッフに、割り当てに着手するための方法を確認してもらう必要がある。こうしたことは不慣れで、手の込んだ、忍耐を要する活動を求められた時に殊更顕著である。高校生でも、正しい行程で、正しいことをしていると確認してもらうために、時々はこの種の支援が必要となる場合がある。

- 教師は合間合間に生徒の席に行き、うまく取り組めていないことが観察されれば、課題に焦点を戻したり、注意を向け直したりする。何をすべきかを明確に示す静かな合図には、生徒が作業を続けていくのを強化する働きがある。従順な子どもであれば概して課題に戻るだろう。それに対して、従順でない子どもは拒絶もしくは反論を唱えるだろう。

- 課題に取り組むのを拒否するのは、作業が難しいからなのか、初めての知らない課題に適切な手本もなく直面させられ不安だからなのかを、教師は素早く評価する必要がある。ADHDを抱える生徒の多くは書くという作業がひどく苦手で、書き始める前に構想をまとめたり足場作りをさせたりしないまま、ワークシートや作文に取りかからせると抵抗が生じるものである

(第4章参照)。

規則を守らない行動に対処するための提案

- 行動が変わるには、規則や技術だけでは不十分で、関係が作用する。教師が子どもから尊重されなければ、規則を守らない子どもを変えるための支援はできない。
- ひとりの人間として個人を尊重することが、前向きな関係の土台となる。生徒の要求を認め、生徒に合意することによって、口応えを続けられない状況を作る。次のように丁寧に対応すると、生徒に同意することになり、生徒にはもはや反論の余地がなくなる。「この割り当てをどれほどバカげたものだと思っているのか、よく分かるよ。それ自体が難しいし、指示も筋が通っていない」。これは、口応えを駆り立てる背景に気づかせる一歩距離を置いた視点を提供する。
- 従順な振る舞いへの正の強化は、反抗挑戦性障害による行動に対処する基盤形成に不可欠である。生徒がうまくやっている状態を捉え、何が適切な振る舞いか明確にすることが、素直な行動や尊敬を育成するのに大いに役立つ。
- 年少の生徒であればトークンもしくは報酬に反応するが、思春期の場合、最も奏功するのは、相互に合意された行動についての取り決め、教室という範囲内での選択肢、正当で、言行一致した、具体性のある称賛に最善の反応を示す。
- 思春期の子どもは仲間からどう思われるかにひどく敏感である。規則を守らない言動を取り上げる場合には、プライバシーを尊重し、細心の注意を払って対処すべきである。辛辣な言葉、力による押し伏せ、意地悪な発言は裏目に出ることが多い。教師か生徒かのどちらかが勝つという類いのものではない。
- 時には、教室での介入が失敗に終わることもあるが、そのような場合、教師はスクールカウンセラー、校長、親に子どもの行動への対処に関わってもらうようにしなければならない。

規則を守らないことや学業への取り組みを拒否することへの対処が困難な場合もあります。しかし、教師がそのような振る舞いの原因を特定しようとし、また前向きな関係を構築しようとし、そして生徒の気持ちを尊重しようとすることが、従順な振る舞いを招来するのに大きく役立ちます。この話題についてさらに検討を深めるには、テイラー医師（Taylor, 2001）の名著『反抗から協調へ――怒り、反抗し、やる気のなくなった子どもを変える解決の実際』をお勧めします。

g. 多動とそわそわした振る舞い

教師との会話のなかでよく取り上げられる行動を巡る話題は、罹患した子どもの多動とそわそわした振る舞いが、他の子どもの学習に悪影響を及ぼす場合にどう対処すればいいかということです。薬物による治療を受けている子どもでも、席に座ったまま身体を揺らし、そわそわし続けるものです。このような振る舞いは投薬でよく軽減はします

5　学校でのADHDの振る舞いへの対処

すが、完全に消失することはまずありません。多動は、思春期よりも年少の子どもによく見られます。それでも、いずれの年齢層とも、自分の身体活動を監視し調整することは難しいものです。高校生になると、過活動よりも落ち着きのなさが前景に出ます。脚を跳ねさせ、ぶらぶら前後に揺らしたり、鉛筆を机にトントンと打ちつけたり、机上に落書きをしたりするといったことで現われます。

こうした振る舞いは、ひどい危険や破壊を伴うような深刻なものではなく、教師やクラスメートが集中できなくなる可能性があるものの、ADHDの子どもの学習能力に影響を及ぼすことはめったにありません。実際に、ADHDを抱える生徒の多くが、じっとしていようとする時よりも、身体を動かしたり、落書きをしたり、もぞもぞ動いている方が、集中力が増すと述懐しています。

こういった動きのいくつかを最小化するのに役立つ簡単な方策はいくつかありますが、こうした振る舞いの改善に多大な時間や労力を投入する前に、心しておくことは、通常、そうした生徒の振る舞いに対する困惑の程度は、クラスの他の生徒よりも教師の方が勝っているということです。落ち着きのない振る舞いを完全に止めることにはならないものの、抑止に役立つ方策を次に挙げておきます。

破壊行動を最小化するための提案

- ちょっとした身体の動き（例えば、片足を椅子の上に置く、足をピョンピョンさせる、足をトントン叩く、手掌で鉛筆をくるくる回す、消しゴムを噛む）は取り合わないようにする。ひどく大きな音や破壊活動でなければ、授業を進め、指示を出し、その授業の宿題を出すまでは、見て見ぬ振りをする。その後、子どもの座席に行き、穏やかな態度で、動きを止めることを思い出させる。このことは言葉でも無言の合図でも行ないうる。子どもは、ほとんどの場合、相手の話を聞いていないとか、学習していないようでも、自覚なしに身体を動かしている。落ち着きがないわけではないことも銘記しておく必要がある。それでも、子どもに何度も「おしまい」の指示を出しても、行動はそのとき限りで止まるだけである。というのも、ADHDに罹患した子どもが、そわそわしたり、座席の周りを動き回ったりすることを長時間止めておくことは基礎疾患のためにほぼ不可能だからである。

- 着席している間、紐や糸や小さな柔らかい布を持っていたり、触ったりすることを許す。

- 年少の子どもには、テニスボールを椅子の脚底につけておくことで、何回も椅子を動かす際に発生する雑音や振動を小さくするのに役立つ。

- ディスコシット〔訳注　座面に突起のついているゴム製椅子。椅子の座面にバランスをとりながら座る〕のような特殊なクッションがあれば、年少の子どもが着席して腰を動かしても、周りの子どもの学習が中断されない。このクッションについては、www.abilitations.comを参照のこと。また、コストをかけずに同様の結果を得る代案として、小さなソファー枕とか競技観賞用座布団や自分のジャケットの上に子どもが座ることを許可するという方法が挙げられる。

- せわしなく動く手をしかるべき方法で動かし続けさせることで、動きに伴う弊害や、モノや他の生徒への不適切な接触を回避できる。教室移動で待っている間や整列して立っている間に手遊びできるように、柔らかいボールや手遊び玩具（fidget toy）を持たせておくことは、動きたい欲求の方向を変える役に立つ。特別席の設置は、落ち着きのない生徒に不可欠である。こうした生徒には、動き回ることが可能でかつ他の生徒の邪魔にならない位置（教室の最後方か別個に設けた座席）で、それでも教師が特定の指示を出す時、正面を向くことができる場所に座らせる必要があるだろう。

h. 休憩時間と自由時間が特に問題になる

構造化されていない時間帯（休憩）、授業中の自由時間（中学校、高校では各授業間の移行）が、ADHDを抱える生徒にとっては厄介な時間となります。所用時間の予測が困難なことが多く、ひどく注意散漫になり、構造化の乏しい環境の許では多動・衝動を伴う行動が増加します。

こうした子どもが同級生よりもトラブルに陥ることが多いのは、構造化がなされていない時間帯です。だからこそ、スクールカウンセラーはADHDに罹患した生徒に、トラブルに巻き込まれたり、立ち遅れたりしないための示唆を与えることで、殊更役立つことができるのです。

自由時間に対処するための提案

i. 休　憩

ADHDを抱える生徒は、無計画のまま教室を離れるべきではありません。そうした生徒は自由時間の過ごし方を順序立てて計画することが不得意なので、休憩のために部屋を離れる直前に教師が一言告げておくことが重要です。児童（幼稚園児〜小学6年生）は、動転したり、次にすべきことが分からなくなったりした時に、どうすればいいかを教師と一緒に振り返っておく必要があります（混乱した時どこへ行けばいいのか、どうしたらいいのか）。チャイムが鳴って、休憩が終わり整列に入る時間であることをADHDの生徒に喚起させるため、教師が仲良しの生徒にその役割を頼んでおくという方法もあるでしょう。空腹したことを誰に告げるのか、ボールが全部出払っている時に、どうしたらいいのか。

j. 自由時間

ADHDに罹患した子どもは授業中の自由時間に綿密な監視と注意の喚起とを必要とします。構造化の程度が低いと、子どもが興奮して走り出したり叫んだりすることがよくあります。こういった生徒は、自由時間中に自ら制御を続けるために用いる活動一覧表を持っておく必要があります。もう一つ生徒に理解させておくことは、ひどい

5　学校でのADHDの振る舞いへの対処

混乱を起こすことになれば、教師から「気分を和らげる場所で座っているように」と求められることになります（トークンや称賛の言葉が、授業中の適切な振る舞いの強化に役立ちます）。

- 中学生や高校生になると、教室移動や自由時間に対処するためにさらなる注意喚起や計画を必要とする。昼食の時間は実りある楽しいものになることもあるが、トラブルが予測されることもある。昼食は、くつろいで友達と話すことができる時間と場所であっても、言葉をうまく使えなかったり衝動行為に走ってしまったりするために、周囲を怒らせてしまう可能性もある。

中学生や高校生では、時間管理のまずさやひどく注意散漫なために、授業に遅れることを自覚していることが多い。

- 小学生であれば、休憩時間に持参しその時間が終わると返す観察用紙を用いることで良好な反応を示すことが多い。著者が有用であると感じた用紙は、前面に3、2、1と数字を書いた、約5センチ×20センチの色紙である。3は「上出来」、2は「普通」、1は「不出来」だが、これらは休憩時間担当の教師に観察用紙という観点からのものである。生徒は休憩時間終了時にその時間の振る舞いを評定してサインする。しかるべき報酬や結果のために、その用紙は担任に戻される。

- 中学生や高校生であれば、「教室へ」とか「おしゃべり終了、歩行開始」といった視覚喚起（ステッカー）を、見やすい場所に貼っておくことが役に立つ。また、チャイムが鳴らないうちに

教室に着いたり、教室に向かって歩き出したりすることを思い出すために、携帯電話、時計、iPodのアラームを利用することもできる（しかし、この介入は校内で携帯電話の使用を許可されていない場合には、選択肢とはならない）。同級生も、罹患した生徒が「おしゃべりを止めて、歩き出す」ことを思い出すよう援助することができる。著者の経験によると、こういった単純な注意喚起が時間管理の困難な生徒の役に立つ。これらは、生徒が、やるべきことを継続し、覚えておくべきことを思い出すのに役立つ有効な自己監視ツールなのである。

k. 授業妨害

教師はよく授業に割り込んだり、出し抜けに話し出したりすることを止められない生徒をカウンセラーに診てもらおうとします。科目の内容をカバーしようとしても、こうした生徒に注意を払わなければならないために、いつも授業を中断させられて教師には迷惑千万なのです。

こうした生徒は、同級生に比べ認知・行動上の衝動性（立ち止まって成り行きを考えることなしに、頭に浮かんだことをすべて言葉や行動にしてしまう）という大きな問題を抱えています。ADHDは抑制の発達における遅延と定義されます。罹患した生徒はもっとうまく振る舞う能力を有しているものの、その秩序を乱す振る舞いが完全に消失すると考えるのは実情にそぐわないでしょう。

妨害を最小化するための提案

- 授業開始時に、問題に対する質問やコメントを口にする前に、まず挙手しなければならないことを、それとなく生徒に想起させる。しかし第2章で述べたように、罹患した子どもは「今言わなければ、忘れてしまう」と思っている。また満足が先送りされることもひどく苦手である。「今、知りたい!」のである。

- 生徒に、それぞれの授業で名前を呼ばれるのは一定の回数までであることを知らせておく。クリップのようなモノを、名前を呼ばれる回数と同じ個数、生徒に持たせるようにすれば、あと何回呼ばれるのかを想起させるのに役立つ。例えば小グループで、コメントする度に生徒が教師にクリップを渡す。クリップがなくなると、発言の機会を使い果たしたことになる。こうすると、生徒が自己観察を高め、挙手するタイミングをうまく選別するようになるのに役立つ。

- 衝動性の強い子どもであれば、教室の前方寄りに席を設けられることがある。そうすると、生徒が質問を喚起する言語・非言語の合図を送ることができる。一例を挙げると、教師は授業開始前に次のように子どもに知らせる。「手を挙げているのに先生が気づけば、指名します。だから質問する時には、よく考えてから手を挙げなさい」あるいは、「先生が君の机に手を置いたら、それは君が話を始めていても、先生が指名できるように、手を挙げなさいという合図です」。

- 生徒の机や作業場にステッカーを貼ることは、生徒に挙手を喚起するのに役立つ。教師は、登校日を通じて、生徒が注意喚起のステッカーを見ることを想起させる必要があるだろう。

- クラス単位でも、小グループでも、個別でも同じだが、教師が生徒に反応する機会を何回も与えることで、生徒の課題に即した行動や正しい応答が増え、授業妨害は減る(Sutherland et al., 2003)。生徒同士が話し合う機会を数多く設ければ、子どもがいきなりしゃべり出すようなことは少なくなる。

- 中学生と高校生は、それ以下の子どもよりも感情の発露をうまく調整できることが多い。それでも、時にはクラス討論から浮いてしまう。授業中、反応したり話し合いに参加したりする機会をあまり与えられなければ、多くの場合、他の生徒の注意をそらすことになったり、「自分の世界」に入り込んだりする。

Ⅰ. 授業中の鼻歌、口笛などやかましい音

ADHDを抱える生徒は、座席で勉強しながら鼻歌を歌ったり、口笛を吹いたり、雑音を立てたりすることがよく見られます。こうした音声によって他の雑音は遮断され、罹患した生徒が学業に焦点を絞って専念したり、読書に集中し続けたりしやすくなります。しかし、周囲の生徒は、そうした音声に混乱させられます。罹患した生徒が動くことで集中しやすくなるのと同様に、音声を立てることでも集中力と選択的注意が高まることが見られるでしょう。大多数の事例におい

5　学校でのADHDの振る舞いへの対処

授業中の音声による混乱に取り組むための提案

- 特別席を設けることで、教師は生徒をすぐそばで見ていることができ、あまりにも騒々しすぎる場合には、婉曲に想起をさせることができる。
- 音によって悪影響を受けるかもしれない他の生徒から離れて、教室の別の場所に移動して割り当てを終了させることを認める。
- トゥレット症候群の徴候である音声チック（例えば、豚のように鼻を鳴らす、荒い鼻息、口笛、うめき、鼻をすする、咳払い、空気を吸い込むなどの反復）かもしれないと思われる場合には、主治医と面談する許可を得る。時に、ADHDへの投薬が音声・運動性チックの誘因となったり、悪化させたりすることがある。したがって、スクールカウンセラーの観察は主治医の知っておくべき重要な情報となりうる。

て、こうした「悪い」振る舞いは、故意でも意図を持ったものでもないのだと銘記しておくことが重要です。他の生徒が過度に注意散漫になってしまう場合、教師は罹患した生徒を他の生徒から離してもよいでしょう。罰を与えるのは、この問題への適切な対処策にはなりません。

てくれないと、生徒の破壊的・反抗的な振る舞いを変化させるのはさらに困難となります。

しかし、親を非難しても何の役にも立ちません。そうした非難は皆で一丸となって取り組むために不可欠な、親との前向きな信頼関係を築く可能性を狭めてしまいます。扱いにくい生徒に対処するための何らかの解決策を見つけようとする際の挫折や絶望から非難が生じることが多々あります。通常、親も同じように子どもの振る舞いに失望し、子どもが直面している問題を学校や教師のせいにしたがります。罹患した子どもの親は、そうではない親よりも、学校での相談、医師との面談、校長との話し合いに出席したり、子どもと隣人、警察、きょうだいとの諍い(いさか)を解決したりしてきていることが多く、また、「最善の子育て」を巡る配偶者との話し合いの止むことのない意見のくい違いに対応していることも多々あります。子どものことで学校から話し合いに来てほしいと依頼された時は、すでに打ちのめされてしまっていることがよくあります。多くの苦闘と敗北感を経て、親は、バークレー（Barkley, 2000）が学習性無力感(learned helplessness)と呼んだ、何をしてもうまくいかないと思う態度をとるようになります。

ですから、カウンセラーは親の置かれた状況を理解したうえで、親のこれまでの努力が正当であることを伝え、学校で子どもを支援して

m. 親の参加

親の参加がないことは、職員室でよく話し合われます。親が参加し

いく必要があります。親は、学校に自分と子どもを支持してくれる人がいるのだと分かっておく必要があります。その支持者は、親の痛みを理解し、落胆を容認し、必要に応じて子どもを援助することができるのです。専門職として、こうした重要な役割を引き受ける位置にある学校関係者はスクールカウンセラーのほかに存在しません。カウンセラーであれば子ども、教師、親の頼みの綱となることもあります。子どもや親と同様に、教師もまた、子どもの教育に親を参加させようとするにあたり、カウンセラーの支援を必要とします。こうした役割は容易でも平穏でもありませんが、なくてはならないものです。長期にわたる進展が生じるためには、チームでのアプローチが極めて重要なのです。

親の参加を呼びかけるための提案

- カウンセラーは、担任と親との間に隠し立てのない協力し合うコミュニケーションが確立されるよう支援すべきである。重点目標の一つは、教師と親の性分、これまでの関係の推移、子どもに対処していくうえでのそれぞれの役割の認識についての気づきを得ることである。
- カウンセラーは、親との連絡に電子メールや電話を利用する必要がある。子どもが危機状況にある場合は特に緊密に連絡を取り合うことが重要である。
- カウンセラーは子どもの診断とそれが学校生活に及ぼす影響について、親に一定の間隔で面接を求めるべきである。親の参加に好転の兆しがある場合には、ADHDについての親教育が究極の目標となる（第3章「親・家族査定は重要である」を参照）。親は、子どもが良くなるために自分の参加が絶対必要だと理解する必要がある。
- カウンセラーは、教師が生徒に限界や罰則（consequences）、報酬を設定するにあたり、親が教師にどのレベルの支援を提供できるかを判断するために、親子関係を査定する必要がある。親にADHDを理解するよう促し、確然たる支援を行ないながら、家族間の緊張を緩和する活力と方法とを見つけ出すように支え、子どもをうまく教育するには親の役割が肝要なのだと確信させることで、チームが子どもにとっての成果を出しやすくなります。

5. 教師にも何らかの変更が必要かもしれない

最後になりますが、担任が子どもとの交流に若干の小さな変化をもたらすことが、状況改善に役立つことがよくあります。時に、スクールカウンセラーが教師や職員に、学校は子どもと教育のための場であり、大人の欲望を追究するための場ではないことを喚起させるべきです。ADHDを抱える子どもは通常以上に注意喚起が必要でしょう。さらに特別席を必要とし、たぶん宿題または授業での割り当ての提出期限の延期も欠かせません。教師は、学業に対する不服従や無関心、またやり終えた課題を提出し忘れるといったADHDの特性を、時間、

をかけて徐々に和らげるべきでしょう。こうした調整を提供することは、自由意志に委ねられるものではありません。これまでの章で論じてきたように、そのような調整は特別に権限を付与するものではなく、ADHDを抱える生徒への公正かつ適切な介入なのです。

6. 要 約

ADHDを抱える生徒の利益になる介入を行なうことは、多大な困難を伴う可能性があるものの、罹患した生徒を成功させるには不可欠です。著者は、最も頻繁にカウンセラーが注目することになる部分を概説しようとし、学校という状況で首尾よく実行できる示唆を提示しました。立腹と破壊を伴う振る舞いに注目してきたのは、それがADHDを抱える子ども全員に見られるからではなく、スクールカウンセラーが子どもに注目する契機となる振る舞いであることが多いからです。著者は、ADHDを抱える生徒が多くの領域で苦闘していることを理解していますが、最も大きな問題となり、学校でうまくいく経験を妨げるのは立腹と破壊を伴う振る舞いだと思われます。

罹患した生徒が毎日のように困惑している問題行動を乗り越えるのを読者の皆さんが援助していくうえで、本章以外の章も含めて、こうした方策や知識を用いることができる例を提示できていることを願っています。

6 薬物治療について教師が知っておくべきこと

デイヴィッド・ローゼンタールMD

薬剤師の奥さんとやり合った直後に、憤怒、当惑、苦痛を漂わせながら診察室へ母親がやって来ました。薬局で子どもの薬を買おうとした時に、薬剤師の奥さんから「私なら自分の子どもにリタリンなんて服用させないわ。お子さんへのリタリン、もう一度考え直されたら」と言われたというのです。母親は非難されたように感じ、自責の念にかられていました。

ADHDを抱える子どもへの薬物治療は論争の的になっていますが、その背景には、特にここ数年、米国各地で中枢刺激薬の処方が劇的に増加していることがあります。辛口な批評をする内科医であり作家でもあるピーター・ブレギン (Breggin, 1998) は、ADHDを抱える子どもへの昨今の投薬激増に歯止めをかけるべきだと主張しています。リタリンを必要としない場合が多いことに加え、リタリンには保護者が気づかない深刻な副作用があるというのです。おまけに、教師も親と似たり寄ったりで、秩序を乱す、落ち着きのない子どもに対処するための手っ取り早い方法を見つけなければと逼迫しており、ともに政治や利権で動く薬物療法支持派と製薬会社に踊らされているとほのめかしています。その結果、米国では今や、ADHDの薬物治療を受ける子どもが増え続けているのだというのです。

メディアはといえば、一定の間隔で、衆目を集める狙いの見出しを掲げて物議を醸すものの、それは必ずしも正確な科学での真実を伝えるものではありません。以下は「デトロイト・ニュース」からのものです。「ミシガン州、全米3位のリタリン処方——生徒を管理するために学校が薬物による治療に依存しているとの意見も。リタリンの日常使用は、診断という到達点に対する警戒を引き起こす。歯止めがかない学校でのリタリン使用」(1998)。

ところが、米国医学会科学問題部会の報告書 (Goldman et al. 1998) によれば、この疾患の治療で薬剤の過量処方が蔓延したという事実はありません。リチャード中村博士（国立精神保健研究所の所長代行）は、米国下院の政府改革委員会（2002年9月26日）開会宣言で、次のように述べました。

ADHDの過剰診断また刺激性薬物の過量処方を実証した調査

関する多くの問題を減らしたり、改善したりする効果が大きい。そうした調査結果を紹介しないとしたら、それは著者の怠慢となるでしょう。

ローゼンタール博士は、子どもの薬物療法を始めるにあたっては、書面による同意を得たうえで、学校カウンセラー、教師、担当医師が連絡を取り合うことが重要であると概括しています。子どもが幼いうちは4時間〜6時間を学校で過ごすので、服薬下の子どもの振る舞いについてスクールカウンセラーからのフィードバックは、医師が薬物療法の効果を判定し、投薬量を変えるかどうかを判断するうえで非常に重要な情報となります。

ローゼンタール博士は、ADHDの薬物療法によくみられるいくつかの副作用に注目し、スクールカウンセラーが副作用について知っておくことが、子どもの疾患に対する最も有効な治療を保証するうえで重要であるという意見を持っています。本章で提供される情報は指針を与えると共に、皆さんのたくさんの疑問や懸念に答えを示してくれるはずです。

1. わが子は薬物治療を受けるべきか

先に記したように、子どもに薬物治療を受けさせるかどうかは、多くの親にとって決着をつけ難い問題です。罪悪感に向かう親もいます。これまでの章で論じてきたように、親は自分が子どもに悪い遺伝子をもたらしたとか、子育てが間違っていたとか感じて、ともかく自

親は、子どもに薬物治療を受けさせることについて、医師が同意そうにない場合、どうやってその判断をつけたらいいのか迷うことがあるでしょう。親と同じようにスクールカウンセラーも、子どもにADHDの薬を使うことに関して意見を述べずに留保することが多いでしょう。

本章は、ADHDの治療で薬物が果たす役割について著者以外の主張を助長することも、異議を唱えることも意図していません。むしろ、ADHD治療で現在用いられている薬物、薬物療法の限界、カウンセラーとして知っておくべき親の懸念について、スクールカウンセラーに学んでもらうことを目的としています。著者は、ADHDを抱える子どもが学校で経験するあらゆる困難に、薬物療法単独で対処していけるわけではなく、「薬物以外のさまざまな介入と技法を併用していないにしても、必ず期待はずれの結果に終わる」(Garber et al., 1996, p.5) ことを認識しています。そして次のように信じています。薬剤はADHDのあらゆる振る舞いを修正する魔法の錠剤とみなされるべきではないものの、それが行動面への介入と併用された場合には、薬物療法もしくは行動療法アプローチ単独による介入よりも、ADHDに

はほどんどありません。実際のところ、ADHDに罹患している子どもよりも、ADHDの治療を受けている子どもの方が少数なのです（学齢期の子どもの2%〜3%）。治療を受ける割合は、女児、少数民族、公的支援監護を受ける子どもの場合、かなり低くなります (Nakamura, 2002)。

分に落ち度があったから、子どもがADHDと診断されたのだと誤った結論を出すかもしれません。危険を伴うかもしれない（と親が心の中で考える）薬物療法を子どもに受けさせることを承認するよう求められた際に、こうした罪の意識は高まる傾向があります。何らかの欠陥があることを伝えられた子どもがすでに混乱し、厳密な薬物療法を受けることに強く反発するような場合、状況の好転はさらに遠のきます。あるいは、親がすでに精神に関わる診断に伴う汚名を懸念しているとしたら、「子どもに薬物療法が必要なのであれば、本当に悪いに違いない」という考えを新たに取り入れるかもしれません。

こうした懸念があるものの、ADHDの治療でもっとも良く用いられている薬物は、完全に無害というわけではありませんが、大多数の子どもへの副作用はごくわずかであり、忍容性（tolerability【訳注 忍容性（tolerability）とは、患者が薬剤の有害作用（副作用）に耐えうる程度。つまり、有害作用（副作用）が発生したとしても、十分に耐えられるような「忍容性が優れた（better tolerated）」ということになる。認容性とも和訳。薬物が効かなくなる耐性（tolerance）、別称resistance）とは、形容詞形のtolerated）と、動詞形のtolerate）とが同じなので区別を要する。】）が良好となる傾向にあります。さらに、調査によれば、ほとんどの場合、薬物を使うことが子どものADHD中核症状に対処する際に親がなしうる唯一かつ最も重要な介入であるという考え方が支持されています。刺激薬と心理・社会治療とを比較した研究では、一貫して刺激薬の方の効果が大きいとされています。だからといって、本書で勧めるあらゆる行動および環境介入戦略の重要性を完全に否定するわけではありません。そうではなく、著者たちは薬剤が子どものために最良の結果を提供するだろうと提案しているのです。

薬物使用による汚名と副作用への不安を差し引いても、ADHDを治療しないことの決断には、学校での振る舞いという目下の問題だけでなく、衝動性および集団における不適切な行動に歯止めをかけずに放置されたことで生じうる多くの対人上の、かつ二次性の心の問題にまで、子どもに著しいマイナスの影響を及ぼす可能性があるということを明記しておくことは常に重要です。例えば、研究によれば、ADHDの治療を受けていない子どもは、仲間から拒絶され、傷つく割合が高く、物質濫用や反社会的行動に走る割合が大きいことが明らかにされています。家族においては、夫婦の不調和、親の不満、離婚が高い割合でみられます（Bloomquist, 1996）。

次のように論を展開すると、薬剤を使うか使わないかという大きな問題に、解答を見出しやすくなるでしょう。薬剤を使うことによる利益が、あらゆるリスクや面倒な副作用が生じる可能性を凌駕するのか、しないのか。

2. ADHDの治療に多用される薬剤

ADHDの治療に有用となりうる薬剤は数多くありますが、大多数の子どもが最初に処方されるのは刺激薬です。通常は、刺激薬が第一選択となります。それはこのグループの薬剤が長年にわたり役割を果たしており、適切に使用されれば、長期にわたり、わりあい安全であるという実績があるからです。この薬剤に重篤な副作用が起こることはほとんどなく、どちらかというと気軽に投与され、多岐にわたる商品名や配給機構が存在します。プラセボとの比較を用いた多くの研究

6　薬物治療について教師が知っておくべきこと

表6-1　ADHDのための刺激薬

刺激薬の一般名	刺激薬の商品名	標準投与量（mg/1回分）	行動変化発現開始時間（分）	概算した作用持続時間（時間）
メチルフェニデート	リタリン	5-20	20-30	3-4
メチルフェニデート（持続型）	リタリンSR	10-40	45-60	6-8
メチルフェニデート（徐放型）	メタデートER	10-40	45-60	6-8
メチルフェニデート（即放＋徐放型）	メタデートCD	10-40	20-30	6-8
メチルフェニデート（長時間作用型）	リタリンLA	10-40	20-30	6-8
メチルフェニデート（徐放型）	コンサータ	18-72	20-30	11-12
メチルフェニデート経皮パッチ製剤	デイトラーナ	10-30	60-120	10-12
デキスメチルフェニデート	フォカリン	2.5-10	20-30	3-4
デキスメチルフェニデート（徐放型）	フォカリンXR	5-20	20-30	6-8
デキストロアンフェタミン	デキセドリン	2.5-10	20-30	3-4
デキストロアンフェタミン（持続型）	デキセドリン・スパンスレス	5-20	45-60	6-8
混合アンフェタミン塩	アデラル	5-20	20-30	5-6
混合アンフェタミン塩	アデラルXR	10-40	20-30	10-12
リスデキサンフェタミン	ビバンセ	20-70	30-60	11-13
モダフィニル（FDAによりADHDへの適応が認められていない）	プロビジル・スパーロン	340-425	60-120	10-14

訳注　sustained-releaseを「持続型」、extended-releaseを「徐放型」、immediateを「即放」、long-actingを「長時間作用型」と訳出した。

で、刺激薬は注意、過活動、衝動性を著しく改善することが一貫して実証されています（ADHDを抱える子どもへの刺激剤の使用法に関しては300以上の研究が公表されています）。現在米国の市場には多数の刺激薬がありますが、そのほとんどがメチルフェニデート系の製剤（例えばリタリン、コンサータ、メタデート、フォカリン、デイトラーナ）、もしくはメタンフェタミン系の製剤（例えばデキセドリン、アデラル、ビバンセ）のいずれかに下位分類されます。それぞれの刺激薬の種類において、製剤によって、まずいかほど急速に効果が見られるか、どのくらい行動および認知面への効果を及ぼし続けるかが異なります。

一般に、ADHDを抱える子どもの約75％にメチルフェニデート系刺激薬が奏効しますが、至適な反応が得られないとか、メチルフェニデート系製剤への忍容性を欠くといった場合、そのおよそ75％の子どもにはメタンフェタミン系製剤が効くでしょう。またメタンフェタミン系製剤から始めた場合は、その逆が当てはまります（著者の何千人にもおよぶADHD患者との臨床経験では、メチルフェニデート系製剤の方が大多数の患者への忍容性が優れている）。表6－1の概説では、ほとんどの刺激薬が投与1時間以内に効果が発現することを示しています。なかには初期に用いられた、効果持続が3時間〜4時間の短期作用型の刺激薬も含まれます。ここ数年間、登校している間ずっと効果が持続し、症状を改善するような長期作用型の薬剤を開発しようとして、多くの研究が行なわれてきました。コンサータ、アデラルXR、ビバンセ、デイトラーナ（毎朝、子どもの臀部に貼り、9時間後に剥がすメチルフェニデート経皮パッチ製剤）のような薬物は、一日一回ですむ利便性と服薬遵守（コンプライアンス）の向上により、毎日10時間〜12時間、症状を軽減し、午後の遅い時間や夕方の課題および宿題に注意を集中させ保持する力を子どもに与えます。

メチルフェニデートとメタンフェタミンの製剤は、子どものADHD治療の第一選択として、古くから処方されていますが、刺激薬への忍容性を欠いたり、もしくは単独での効能が十分でなかったりする場合、他のいくつかの薬剤を使用することができます。

アトモキセチン（ストラテラ）は、子ども、青年、および成人のADHD治療薬として2002年11月にFDA【訳注 Food and Drug Administration で、食料品、医薬品、化粧品の検査や取り締まり、認可などを行う、食品医薬品局：米国の厚生省の一局】に承認されました。ストラテラは刺激薬類似の性質を有しますが刺激薬ではない製剤です。従来の刺激薬だと、忍容性を欠く、もしくは効果のない子どもによく使用されます。ストラテラは低用量だと、刺激力が弱く、ADHD中核症状の治療に奏効しにくいことが多いのですが、沈静効果が見られ、ADHDに併存して高度な不安がみられる子どもによく役立つことがよくあります。もっと刺激薬の用量を増やせばフルに効能を得られるのに、その用量と忍容性を欠くという戦略を用いる医師が増加しつつあります。親や教師が留意しておくべきは、至適用量に達しさえすれば即座に効能が見られる刺激薬とは異なり、ストラテラでは十分な効能が確かめられるまで、2ヵ月は毎日子どもに服用させる必要があること、と、ほとんどの医師の感触では、ストラテラへの反応率は総合すると

刺激薬のそれに比べ、格段に低い傾向にあることです。

ウェルブトリン（ブプロピオン）は刺激性の特性を備えた抗うつ薬で、青年に多く用いられ、子どもにはあまり使用されません。その理由は小児科領域でのウェルブトリンの評価研究がほとんど行なわれていないからです。ウェルブトリンは一般に、抑うつを併存しているADHD治療に用いられますが、抑うつの見られないADHDの子どもにも何らかの効能が示されています（Conners et al., 1996）。ウェルブトリンの効能は、刺激薬のそれと比べると低い傾向にありますが、ウェルブトリンを控えめな量にしておき、必要に応じて低用量の刺激薬を併用することで、安全に使用できます。

α作動性のカタプレス（クロニジン）とテネックス（グアンファシン）は、非刺激薬（従来は高用量を血圧管理に使用）であり、過活動、衝動性、攻撃性、不眠、チック、反抗挑戦性症状といった問題がADHDと併存する場合に、これらを制御する目的で、通常は、刺激薬と併用して用いられます（Arnsten et al. 1996; Chappell et al. 1995; Hunt et al. 1995; Scahill et al. 2001）。併用により鎮静がみられますが、極めて有効です。

三環系抗うつ薬（例えば、イミプラミン、デシプラミン、ノルトリプチリン）は、子どものADHDに効果が見られた、旧世代の非刺激性薬剤ですが、一般には用いられていません。その理由は刺激薬ほど効果が得られない傾向にあり、使用を逡巡させる厄介な副作用（鎮静、口渇、便秘、稀に循環系の障害）が生じることが多々あるからです。三環系抗うつ薬が用いられるのは、刺激薬が、潜在していた運動性チックを誘発したり悪化させたりする場合とか、ADHDの症状に随伴する

問題として遺尿（尿失禁）が存在するといった特殊な場合です。

最近まで、低用量の刺激薬が不注意症状の治療に限り有効な場合に、衝動性や過活動にも効果を発揮させようと狙い、時に無駄な試みに終わる場合もある、単に用量をやみくもに増やす方法が好まれていました。こうしたアプローチでうまくいく子どももいますが、多くの場合、症状はほとんど改善せずに、実に多くの副作用が出現するに至ります。同時に複数の薬剤を使用することには懸念があるにもかかわらず、多くの臨床家が、高用量の刺激薬を単独で使用するよりも、二つの薬剤を低用量で同時に使用する方が、より大きな効能が劇的に出現し、少ない副作用で同時に子どもの症状の治療効果を高めることを経験しています。

他にもADHDと併存する症状や疾患を治療するために利用できる、補助として追加して用いる薬剤が数多くあります。こうした薬剤に見込まれる利点およびリスクについては、処方する医師と話し合うことをお勧めします。

3. 刺激薬による生徒の変化

刺激薬は、ADHD中核症状すべてに効果があるようにみえますが、その最大の利点は、課題に注意を集中させ、維持する能力を改善するところにあるようです。研究では、刺激薬を用いて対人状況における全般にわたる改善が見られることで、症状が緩和され、仲間との交流の質が改善される傾向があることも示されています。衝動の制

御、微細運動の協応、落ち着きのなさ、反応までの時間、短期記憶などの改善も示されています。攻撃性が、刺激薬により減弱されることはよくあるのですが、多くの場合、問題となる攻撃行動もしくは荒々しい感情の爆発を制御するため、二次薬や行動管理技法の追加が必要です。

4. 刺激薬によってADHDは治癒するのか、このような薬剤の作用機序は？

遺憾ながら、これまで知られている薬剤によってADHDが実際に治癒してしまうことはありません。それでも、薬剤は、ADHDに関連した症状や行動の多くを制御するのに役立ちます。刺激薬は本来、ADHD患者では比較的不活発な、ノルエピネフリンおよびドーパミン神経伝達物質のレベルを脳内のいくつかの領域で増加させる（それによって、これらの領域に関わる機構を覚醒させるのです（詳細は第1章「7. ADHDの原因とは？」を参照）。運動活性と転導性を緩和することに関わる機構を覚醒させるのです（詳細は第1章

5. 薬剤の作用持続時間はどのくらいか

すでに記したように、ほとんどの刺激薬は投与後1時間以内にその効果を発現し、刺激薬の種類によって異なるものの、3時間～12時間

その経路に最初に作用します。したがって、ある用量が投与されれば、理論上は、最初の投与直後に効果の有無が分かるはずです。一般に刺激薬の場合は、その有用性を知るために、特定の用量を繰り返し投与する必要はありません。それでも現実には、一回投与しただけで有効性を評価することは必ずしも容易ではありません。ある特定の薬剤がいかに有用かを確実に把握するには数日を要するでしょう。おそらく、薬剤の効果をあいまいにする最大の理由は、生活するなかでの日々の出来事やストレスが及ぼす可能性のある、子どもの振る舞いに影響を及ぼす可能性のある、子どもの振る舞いに影響を及ぼす可能性のあるでしょう。たとえば、子どもが一週間家の手伝いをしなかったために親から外出禁止にされ、かんしゃくを起こしているとしたら、リタリンの初回投与によって、その日のうちに突如として協力するようになり、宿題に集中するということは起こりそうにありません。言い換えれば、新しい薬剤の特定の用量に対する効果発現のパターンや、反応が得られないことを確かめるには、薬剤の有効性を評価する時点で、いつになく良い日や悪い日があることを、例外として想定しておく必要があります。はっきりしなければ、子どもの振る舞いについて疑問に思ったあらゆることを親や医師に伝えることが重要です。

6. 過剰投与の徴候

適切な投薬とは、ADHD症状に大きな改善が見られ、かつ著しい副作用がない場合です。投与量が過剰であることを示す最もよくある徴候は以下のとおりです。

6 薬物治療について教師が知っておくべきこと

(1) 子どもが興奮しているように見える。活動過多で、神経過敏や気分動揺の状態にあり、不安と不快感が増している。ADHDでのすべての症状が悪化しているように見える。

(2) 気力がなくゾンビのように見えたり、引きこもったり、いつもの快活さを欠く。子どもが無気力に見える場合、こうした観察を親と医師に伝えるべきである。

7. 薬が奏効したら、ADHDの診断が適切であると確認されるか

必ずしも、そうとは限りません。カフェインも含めて刺激薬は、ある程度の用量でほとんどの人間の注意を改善する傾向があります。例えば、十分な量のリタリンが100人の子ども、もしくは成人に投与されたとしたら、おそらく大多数に注意力のかなりの改善と転導性の消失がみられるでしょう。少数の人間にはこうした反応は見られませんが、それは通常、以下のいずれかです。①面倒であったり不都合であったりする刺激薬の副作用に異常に敏感な場合、あるいは②重篤な不安、抑うつ、もしくは双極性障害といったADHDに併存する問題を有している場合。ここでの重要な点は、注意力に大きな問題を抱えているると確認された（すなわちADHDを抱えている）個人の場合、特定の課題に集中する能力に、刺激薬投与前後で格段の差が生じているということです。しかし、もともと注意力に特記すべき問題を抱えていない個人ならば、リタリンを服用しても、注意を集中する能力にそれ以外の代案としては、特に何も手を打たないことです。軽症であれ

8. 刺激薬の副作用

成人が刺激薬を極端に濫用すれば、中枢神経系の損傷、循環器の障害、高血圧が生じることはよく知られていますが、実際のところ、ADHD症状の治療で使用する標準投薬量でこうした問題が起こることはありません。常用量の刺激薬を処方される大多数の健康な子どもには、深刻な副作用も、忍容性を低くする副作用もみられません。副作用のほとんどは用量に依存します。量が増えるほど、厄介な副作用を招来する割合が増加するのです。常用量を健康な子どもに投与した場合に、医学上危険な副作用を認めることは非常に希有です。

a. 食思不振

著者が遭遇した、刺激薬による副作用で、子どもに最もよく見られるのは、食思不振です。ほとんどの場合、この副作用は、単に刺激薬を食事中もしくは食後に投与することで容易に対処できます。刺激薬の種類を変えることで、食思不振が軽減することが時々あります。軽症であれ

ば、多々あることですが、刺激薬を継続投与して、食思不振が数週間のうちに自ずと消失するかどうかを観察します。あらゆる手立てをとってもうまくいかない場合、医師は食欲を刺激するために抗ヒスタミン薬などを加えることができます。しかし、ほとんどの場合、これは必要ありません。刺激薬が効き始める前、そしてその薬効が切れたあとに、子どもに高カロリーで健康に良い食餌〔訳注　特定の栄養分を含んだり抜いたりした治療目的で与える食品〕を与えるだけで、通常は十分です。

b. 不眠

もう一つのよく見られ、容易に対処できる副作用は不眠です。カフェインを飲用されるほとんどの方がご存知のように、就寝時刻間際に刺激薬を服用すると、眠れなくなる場合があります。就寝時刻にかからないよう服薬のタイミングを調節するだけで、ほとんどの場合、この問題は解決するでしょう。入眠困難の主たる理由がADHD自体である場合には、刺激薬を晩に服用することで、よく見られる過活動な振る舞いや就寝に向けてのペースダウンの困難を減少させ、実際に不眠が改善することがあります。他のどんな方法でもうまくいかない場合には、刺激薬が問題の一因になっているかどうかにかかわらず、就寝前にベナドリル（ジフェンヒドラミン）あるいはカタプレス（クロニジン）のような薬剤を低用量与えることが、子どもの眠りを誘うために有用な場合があります。さまざまな種類のハーブティーや市販の薬剤もこの問題に役立つ可能性があります。

c. 軽症頭痛あるいは腹痛

特定の刺激薬で稀に軽い頭痛や胃のもたれが確認されます。通常、この二つの副作用は、刺激薬を継続服用しているうちに自然に解消されますが、そうでない場合は、投与量を減らすか、使用する刺激薬の種類を変えるか、（ジェネリック薬品が処方されている場合には）製薬会社まで変えることで、ほぼほぼうまくいくでしょう。

d. 運動性チック

運動性チックは、身体のほぼすべての筋肉に起きうる突然の不随意筋収縮です。刺激薬はよく、運動性チックを惹起する原因とされますが、刺激薬の有無によって運動性チックが必ず一進一退するかどうかを証明することは困難なことです。現在では、ほとんどの専門家が、刺激薬によって、悪化、改善、不変化という結果に終わる罹患した子どもの割合はほぼ同じ比率であると考えています。教師もしくはカウンセラーがチックを観察した場合には、それを親に伝えて、子どもの担当医がこの観察について評価できるようにすべきです。

e. リバウンド効果

リバウンド効果（rebound effect）〔訳注　再発し、薬の服用を止めると症状が以前よりも悪化すること〕はもう

一つのよく見られる、一般に対処しやすい現象で、刺激薬が一気に消退するときに起こることがあります。その特徴は、焦燥感と、服薬していない時に観察された衝動性や多動といったADHDの基本となる症状の悪化です。そうした出来事があろうとも、刺激薬が一気に消退するとしたら、それは不愉快な経験です。幸いなことに、こうした症状が見られたとしても、子どもがいつもの状態に戻ることに付随して30分から60分で終わる傾向が見られるでしょう。

広く知られるようになった長時間作用型刺激薬を使用すると、短時間作用型刺激薬が使用された場合と比べて、リバウンド現象は格段に減ります。長時間作用型では、薬が作用領域から徐々に消退するため、こうした問題を惹起する割合が低くなる傾向が見られます。一番目の薬剤が切れてリバウンド効果が発現する少なくとも20分から30分前に、常に二番目の刺激薬（短時間作用型刺激薬の場合）を投与する方法で、用量を重ね合わせてみることもできます。リバウンド効果は用量に依存するので、二番目の刺激薬投与量が一番目より少ないなら、二番目の薬剤が切れる時のリバウンドのリスクは減少するでしょう。

f. ストラテラによく見られる副作用

ストラテラ（アトモキセチン）で注目すべき最もよく見られる副作用は、胃部不快感、嘔気、食欲減退、焦燥感、眠気です。子どもへの投与量を数週間かけて漸増すれば、こうした副作用の大部分は一過性の対処しやすいものになります。

9. 医師に伝えられるべき情報

とりわけ投薬開始時および用量調整時に、スクールカウンセラーと医師とが良好なコミュニケーションをとることが非常に有益です。遺憾ながら、多くの医師は仕事柄、電話での話し合いを極度に制限しなければならないので、情報を提供しても重視されないという思いをカウンセラーの側に残すことが多々あります。これとは逆に、教師とスクールカウンセラーには、特定の年齢層の多数の子どもを観察できるというユニークな経験があるので、特定の子どもがどの時点で標準から外れた動きをするようになったかに気づく最初の観察者となる可能性があります。こうした知識と情報は医師が子どもを評価するうえで重要です。特に短時間作用型の刺激薬が学校だけで使用される場合、教師とスクールカウンセラーによる継続観察も、薬剤が最適用量であるかどうかの決定に不可欠です。このような場合、教師とスクールカウンセラーが、薬剤の効能や、鎮静、興奮といった問題となる副作用に関する直接の情報を有する唯一の成人という可能性もあります。適切な同意書に親の署名をもらっておけば、医師の手が空いていない場合でも、スクールカウンセラーの観察をファックス、電子メール、電話で、医師補佐〔訳注 Physician Assistant：米国で生まれた、医師の監督の元に医療行為を行なう資格。医師による医療行為の8割方をカバーする。国家試験を経て資格を得る。やりがいが大きく、収入もある一方、トレーニング期間は短く、訴訟などのリスクは少ない職種として注目されている〕、看護師あるいはナース・プラクティショナー〔訳注 Nurse Practitioner：主に米国においてみられる、上級看護師資格の一つ。一定レベルの診断や治療などを行なうことが許されており、臨床医と看護師の中間職〕に伝えておくことができます。

10. 刺激薬は、成長に関する問題を引き起こすか

概して、その答えは否です。長年にわたり、刺激薬が子どもの成長を損なう場合があるという推測がなされ、初期のいくつかの研究ではこの考えが支持されるように思われました。ところが、最近の研究の多くが成長阻害は非常に稀であることを示し、わずかに起こるとしても、子どもの一生を通して約2.5センチ以上、あるいはそれ以下の成長阻害すらもたらすわけではなさそうです。むしろ研究によれば、以前には刺激薬のためと考えられていた、僅かに認められる身長の有意差は、実際のところ、統計上、ADHDの診断とは関連がなさそうだと示唆されています。ADHDの治療とは関連がなさそうだと示唆されています。ADHDを抱える幾人かの子どもは、抱えていない同年配と比べると、わずかに遅れた年齢差で、最も著しい青年期の急速な成長を経験するようですが、思春期の終わり頃には同輩に追いつく傾向があります (Biederman et al. 2003; Biederman, Spencer & Faraone, 2003; Spencer, 2003; Spencer et al. 1996)。

11. 刺激薬には依存性があるのか

リタリン、デキセドリン、アデラルといった刺激薬の処方箋には、すべて、依存の可能性があるという重大警告が添付されているものの、治療目的で使用される場合、実際には「薬物嗜癖」（または、現在では選好され、適確な用語だとされている「薬物依存」）がみられることはかなり稀なことです。薬物依存の二つの最も重要な構成要素は、①耐性 (tolerance) と②離脱です。耐性とは、期待される効果を発揮するためにだんだんと高用量の薬物が必要となる、もしくは、同用量のまま使用を継続すると効果が減少することを示しています。大多数が気づいているように、ニコチン、アルコールや、ヴァリウム〔訳注 ベンゾジアゼピン系抗不安薬・抗けいれん薬であるジアゼパムの米国における商品名の一つ。日本ではセルシンやホリゾン〕や、刺激薬であるカフェインでさえ、深刻な耐性と関連があります。毎日、コーヒー数杯を飲んでいる読者のほとんどが、直接の経験から容易にこの現象を証明できます。コーヒーを何杯も飲んでいて、急に飲むのを止めると、重度の疲労と離脱性の頭痛が意識されることがよくあります。こうした薬物も突然に中止すると、深刻な離脱症状が生じるのです。

耐性が発生する場合には、数日間、投薬を中止したあと、前の用量で再開するか、あるいは異なる種類の刺激薬に変える（最初の刺激薬と次の刺激薬との間で顕著な交差耐性がない場合）ことで、問題は解決します。このように、刺激薬は毎日効果を発揮するよう使用する必要はなく、医学上、悪影響をもたらすことなく、いつでも突然に中止できます。薬物療法の中断とともに、ADHDの基盤にある症状が急速に復活することは明らかですが、それは刺激薬で、ADHD自体を治癒 (cure) するわけではなく、薬剤が血中に存在する間、その症状を処置 (treat) するだけと想定されるからです。また、刺激薬を長期にわたって毎日服用したあとに、突然に中止した場合、もともとのADHDの症状が再発するとともに、1日か2日、傾眠しがちの事例に遭遇する

場合があることにも、注目すべきです。

12. 刺激薬の服用が薬物濫用を招来する可能性があるか

ADHDでも治療を受けていない子どもの場合、いくつかの理由で、すでに平均より高い薬物濫用のリスクを有しています。ADHDを抱える子どもには、衝動を制御する力の乏しさ、低い自尊心、反抗的態度、社会技能の欠落がよく見られますが、こうした要素のいずれもが、十代もしくは成人してから、遂には違法薬物を試したり濫用したりするリスクを増幅させる傾向があるでしょう。

その結果、力価の高い刺激薬を使いADHDを治療することによって、そうしたリスクが更に増加するのではという懸念が生じるのはもっともなことです。教師と親の多くは、錠剤を子どもに与えることで、錠剤が人生の問題を解決する簡単な手段であるというメッセージが伝わりはしないか、刺激薬の依存性が他のドラッグを濫用するリスクを倍増するのではないかと心配になるのです。

この問題に関する現在の研究は、実際のところADHDの治療に刺激薬を用いても、それがその後の他剤濫用にはつながらないことを示しています。ADHDへの前向きな治療が実際に、他剤濫用の見込みを減少させる可能性を示す証拠が現実に存在しますが、その理由はおそらく、時間をかけた前向きな治療が、直接にせよ間接にせよ、子どもをADHDのそもそものリスクに晒すことになる、これまで述べて

きた多くの要素を減少させるかもしれないからです。

このことは、刺激薬の使用にリスクがないということを意味するものではありません。刺激薬による治療は、例えば、すでに他剤の濫用が特定されている十代の若者に対する場合などには、十分な注意を払ったうえで考慮されるべきです。薬物濫用が問題となりながらADHDも治療される必要があるとき、ストラテラ、ビバンセ、ウェルブトリン、およびコンサータ（濫用可能性が低い運搬システムを備えたメチルフェニデート）は、すべて理にかなった選択肢であり、従来の刺激薬への代替となります。このことに関連しますが、錠剤を子どもに与えると良くない（ネガティブな）メッセージが送られてしまうのではないかという懸念に対して一言述べておきましょう。正真正銘の病気治療で錠剤を服用することと、ハイの状態を求め現実から逃げるために気分を変える薬を見境なく使用したり濫用したりすることとは違うということを子どもに教えるのは、常に重要なことです。

13. 刺激薬の投与によって、特に不都合が予測される子どもはいるのか

刺激薬の使用が絶対禁忌ということはほとんどありませんが、一般に、刺激薬が推奨されないもしくは、極めて慎重な投与を余儀なくされる一群があります。第一には、統合失調症のような精神病を抱えている場合で、刺激薬で、妄想や幻聴のような精神病症状を悪化させる可能性があります。刺激薬を常日頃から使用することで、ADHDと

だけ診断された子どもに、上記のような症状が生じるとは通常であれば、予想されないでしょうが、不注意があるためにADHDと誤診された統合失調症もしくは双極性障害を抱える精神病の子どもであれば、そういうことがあるかもしれません。

同様に、どんな子どもでも重度の不安を抱えていれば、刺激薬を用いることでその不安が悪化するリスクがあります。こうした一群のなかには生物学上、高いレベルの不安を惹起しやすいと思われる子どももあれば、環境要因のために極度の不安に晒されていたり、気苦労を抱えていたりする子どもも含まれます。例として、混沌とした家庭環境のもとで生活しているとか、あるいは深刻な虐待やネグレクトによって情緒を傷つけられてきた子どもを挙げることができるでしょう。

ADHDを抱える子どもが不安を感じている場合、刺激薬がADHDに役立つ可能性がある反面、刺激薬により不安が増悪し、そのためADHDの症状が一層ひどくなる可能性もあるでしょう。同様に、ADHDが基盤にある抑うつの子どもも、時に刺激薬が少し役立つように見えるかもしれませんが、抑うつが顕著な場合は、うつ病が十分に治療されるまでは、子どものADHDの症状が大幅に改善されることはないでしょう。

刺激薬が役に立たないこともあるその他の状況としては、母体内での薬物曝露、脳挫傷、自閉症のような広汎性発達障害などに付随したADHD様の症状を有する子どもへの治療で使用される場合が挙げられます。この一群のなかには刺激薬がプラスに作用する子どももいるので、これらは鉄則ではありませんが、こうした範疇にある子どもは、

刺激薬を使うことによって行動上の問題が悪化するリスクが平均より高いように見えます。

刺激薬で学習能力障害あるいは反抗挑戦性障害が直接、改善することともなさそうですが、こうした問題の根底に(あるいは並行して)ADHDが明らかに存在する場合には、役に立つ可能性があります。物質乱用の問題を抱える子どもに刺激薬を使用することは、先に述べた相対禁忌の一つであり、異なるカテゴリーとなります。

14. 学校へ行く時だけ服薬させればいい子どもは存在するのか

おそらくこの質問への正解はないでしょうが、衝動性もしくは過活動や感情の爆発とか行動上の問題を引き起こすものの、刺激薬を服用すると決まって改善が見られるADHDを抱えた子どもには、刺激薬を毎日服用することを勧めることが、著者の流儀です。こうした子どもに週末の服薬を控えさせることで、必ずカッとなって混乱するとしたら、それは何の意味もありません。さらに、著者は治療を手がけているADHDを抱える子どもの大部分(深刻な行動上の問題がみられない場合でも)に毎日の服薬を推奨しています。その理由は二つあります。一つはほとんどの子どもの多様な弱点が、服薬によって改善しがちであることです。もう一つは、毎日の服用により問題が生じることはほとんどないということです(先に記したように、服薬による耐性、食思不振、不眠、といったものが深刻な問題となることはほとんどありませ

6 薬物治療について教師が知っておくべきこと　105

ん）。

一方では、対人面でも行動面でも目立った問題はなく、刺激薬を服用する主たる目的が、授業中の注意力改善や下校後に宿題を終わらせることにあるADHDを抱える子どももいます。こうした場合、週末や休日に多大な注意力を求められる、達成すべき特別な活動がないのであれば、刺激薬を急に中止したからといって特に明確な一連の症状（たとえば、離脱症状）が見られるわけではないので、週末や休日に刺激薬を飲む義務はありません。

15. 刺激薬との薬物間相互作用

刺激薬との薬物間相互作用で問題となるものはほとんどありませんが、学校カウンセラーであれば、ADHDの他に事態を説明する環境要因や未治療の気分変動要因がまったくないにもかかわらず、毎日同じ量を服用しながら、日によって反応が異なるように見える子どもに出会うことがあります。

可能性がある一つの（稀に認められる）原因は、アスコルビン酸（ビタミンC）あるいはクエン酸（オレンジジュースやクランベリー・ジュースに含まれる）のような有機酸を含む朝食と刺激薬とを一緒に摂取することかもしれません。その他に考えられる原因としては、経口懸濁液の抗生剤、ポップターツ〔訳注 オーブントースターで加熱して食べる薄いタルト生地のようなものの商標〕、パワー棒、グラノーラ棒、ゲータレード（スポーツ・ドリンク）などがあります。これらはどれも胃を酸性にし、薬剤の適切な吸収を妨げることがあ

り、特定量の刺激薬に対して一貫した反応を期待するのであれば、少なくとも服用の30分～45分前後はこれらの摂取を避けることが最善でしょう。メチルフェニデートをベースにした長時間作用型薬剤であるコンサータ（経口摂取）とデイトラーナ（メチルフェニデートのパッチ）は、送達システムが特殊であるため、このような影響をほとんど被らないようです（Auiler et al. 2002; Modi et al. 2000）。薬剤が作用し始めると、こうした酸性物質はもはや問題とはなりません。しかし、グレープフルーツ・ジュースは、さまざまな薬物の吸収の増強を引き起こすことがある酵素を含んでおり、それ自身の独特の問題を引き起こす。このため著者は、服用する特定の薬剤との相互作用が皆無であることが薬剤師によって確認されない限り、薬剤を服用している人にはグレープフルーツ・ジュースを完全に避けることを勧めています。

普段と違うように見えたり、疑問がわき起こってくるようなどんな振る舞いについても、親と話し合うことが大切です。あなたの考えを子どもの担当医と共有するよう親に勧めましょう。

16. 刺激薬によって子どもの精神に異常を来す可能性があるか

精神病症状を伴ういかなる疾患（例えば、統合失調症や双極性障害）も併存せず、刺激薬が適切に使用される場合、通常は精神病症状が惹起されることはないでしょう（著者の20年にわたる刺激薬投与の経験では、ただ一例のみでした）。稀に、影響を受けやすい個人の場合、推奨

17. 刺激薬を5歳以下の子どもに使用できるか

使用できますが、いくつか警告があります。まず、このような幼い子どもの刺激薬の使用については十分な研究がなされておらず、5歳以下の子どもへの刺激薬の使用が絶対禁忌となる特別な医学上の問題は存在していないものの、こうした薬剤が初期の脳発達にいかなる影響を与えるかが明らかになっていない段階で、（特に4歳以下の幼児を）刺激薬に曝露させることについては理論上の懸念が存在します。これほど幼い子どもに処方を差し控えることについて、おそらく同様に重要な理由は、たとえ小学生になって、実際に診断可能なADHDを抱えていると判明する大多数の子どもたちが就学前からADHDの症状が生育歴上一目瞭然だとしても、この年齢層でのADHD診断が的を射ていると確信することは難しいことがあげられます。そのような幼い子どもの場合、ADHDに類似した他の問題（例えば、発達障害や単なる幼さ）を十分に評価することは難しいものです ｛訳注 ADHDは、日本の教育や法律関連では「発達障害」とされているが、欧米では医学上「発達障害」には属さない。DSM-V（2013）以降は従来の「発達障害」とADHDは「神経発達障害」として一括される予定｝。さらに、教育現場で学習能力障害（learning disabilities）の有無

を評価するために用いられている心理テストの大部分は、これほど幼い子どもにはまったく利用できません（Firestone et al. 1998; Zito et al. 2000; Rappley et al. 1999; Short et al. 2004; Minde, 1998）。事態を複雑にするもう一つの要因は、流通している多くの刺激薬の一服がそのような小さい子どもにはあまりに強力すぎる場合があることです。いくつかの刺激薬製剤を、実用化できる小さな錠剤に分割することは困難です（時間の経過とともに、多くの異なる刺激薬製剤に分割可能になり、現在こうした問題は払拭されつつある）。幼児には長時間作用型の刺激薬製剤が好まれますが、その理由は、短時間作用型の刺激薬製剤の場合、極めて急速に代謝されてしまう傾向があり、一日に何回も投与しなければならなくなるからです（これは実用的でないことが多い）。短時間作用型刺激薬の頻回投与は、深刻なリバウンド効果を招来する可能性があります。この問題を調べる最も大規模な研究によれば、刺激薬は有効であったものの、こうした子どもは同年代と比べると成長が緩慢で、焦燥、不眠、食思不振を経験する割合が高いことが判明しています（Greenhill et al. 2006）。こうした状況では、子ども自身、親、教師およびスクールカウンセラーは、子どもの気分をジェットコースターに乗っているようだと感じるかもしれません。著者が助言するとしたら、子どもに薬剤を与えるのは、できれば小学校まで待ったほうが良いということです。

量をはるかに超えた刺激薬を投与されると、一時的な精神病症状が誘発される可能性があります。長年にわたり刺激薬を濫用していた場合には、推奨量の刺激薬を何回か投与するうちに、ついには統合失調症類似の状態を示す可能性があります。しかし、このことは処方刺激薬の賢明な使用による問題ではありません。

18. 私の生徒は以前はリタリン服用でうまくいっていたが、今では効かない。どうなっているのか

薬剤が時に奏効するかと思えば、まったく効かないことがあるという刺激薬への反応が問題となる場合、根底に気分障害が存在する可能性が示唆されます。気分障害の症状が顕著なときに、ADHDの症状が最もひどいようにみえるでしょう。家庭や学校での他の要因に変わりがなく、躁やうつのない気分のときにADHDの症状が完全に消失する傾向があれば、ADHDという診断は現実には疑わしくなります。気分が安定していると、普段よりADHDの症状が少し影をひそめるとすれば、ADHDと気分障害とが併存する可能性があります。

もう一つの可能性は、時間とともに、薬剤に対する若干の耐性が生じてくることです。耐性が問題と思われる場合には、耐性の可能性を評価するための休薬日について、医師と話すよう親に頼むことが役立ちます。残念なことに、薬剤なしで子どもの行動を管理できないような場合には、服用を一時中断することが必ずしも役立つとは限りません。そのような事例では、違う種類の薬剤に切り替える必要が生じることもあります。

効いたり効かなかったりするという問題ではなく、薬剤が以前より有用でなくなっているという場合は、少々の増量が指示されるかもしれません。子どもの成長によって、現行の量ではもはや効かない可能性があるのです。

19. ADHDの治療に対する自然療法薬

自然療法薬（natural remedies）という用語は通例、実験室で合成される天然ではない調剤に対して、生活環境のなかにある、わりともとのままの状態で見られる、薬の目的で用いられる物質を指します。自然療法薬は一般に安全だと思われ、天然ではない合成薬剤は専門家ではない大衆から危険があるとみなされることがよくあります。この問題は単純に識別されそうですがそうではなく、自然療法薬が必ずしも安全というわけではなく、十分な検査を受けているとも言い難く、また消費者の手に届くまでに、天然ではない経路を経ていることもよくあります。さらにまた、多くの調合薬は現実には天然素材から抽出されたものであり、完全な合成物質でもまったく安全という場合もあり、また天然由来の類似した物質と化学上、区別されないものもあるでしょう。言い換えれば、天然と天然でない薬剤の間の境界はあいまいとしか言いようがないのです。

このように述べると、ADHDを抱える一部の子どもに、ある種のサプリメントを（刺激薬に代わるものとしてではなく）刺激薬の効果を増強するものとして使用する余地が出てきます。たとえば、ADHDを抱える一部の子どもには必須脂肪酸欠乏症を合併することが分かっています (Colquhoun & Bunday, 1981; Stevens et al., 1995)。そうすると、通常、魚油の形で投与される必須脂肪酸を含んだ食餌を補うことでADHDの症状は軽減されるかもしれません (Burgess, 1998;

メガ3脂肪酸は、生涯を通じて脳および中枢神経系で重要な役割を果たし、「正常な神経構造および機能、膜流動性、刺激伝達、受容体の感受性、適切な神経伝達物質貯蔵に不可欠です」(Horrobin et al. 1995, p.605)。この領域の研究はきわめて有望ですが、ADHDの症状が魚油単独で完全に除去されるわけではないこと、そして、そもそもある研究で、必須脂肪酸の欠乏と一致した臨床徴候（例えば、頻尿、過度の口渇、乾燥した肌、湿潤でない髪など）を発現した子どもにポジティブな結果が見られているということは強調されなければなりません(Mitchell et al. 1987)。

特定のビタミンまたはミネラルに関して、いくつかの小規模試験で、ADHDを抱える子どもは対照群よりも、亜鉛、鉄、ビタミンB、マグネシウムの濃度が低いことが見出されています(Kozielec & Starobrat-Hermelin, 1997; Toren et al. 1996)。不十分なレベルを正常で回復させることで、ADHDの症状が改善される子どもが存在することが考えられます。ビタミンの大量投与の有効性を検証する研究はなされていませんが、ある種の特殊なビタミンまたはミネラルの少量の投与が有効である可能性があります。例えば、刺激薬に150ミリグラムの亜鉛を付加して処方したところ、プラセボと比較して、衝動行為や社会技能が有意に改善したことが報告されています (Arnold et al. 2005)。それ以外にも、鉄サプリメントを1カ月投与することで、ADHDの症状が軽快した研究も提示されています (Konofal et al. 2005)。また毎日100ミリグラムのマグネシウムとビタミンB6とを投与したところ、ADHDを抱える子どもの大部分に行動の有意な改善

がみられました (Mousain-Bosc et al. 2006)。ハーブ系サプリメントに関するいくつかの小規模試験は注目に値します。アメリカニンジン (Panax quinquefolius)〈200ミリグラム〉とイチョウ葉 (Gingko biloba)〈50ミリグラム〉を一日2回、1カ月間投与することで、36人のADHDを抱える子どもの大部分でADHD自体の改善が見られました (Lyon et al. 2001)。また、緑茶に含まれるアミノ酸であるLセオニンにはADHDの症状を改善し、不安を軽減する作用が認められています。

特定の食料（特に砂糖）、食用色素、チョコレート、その他添加物が多動な振る舞いと関連する場合があるという観察に照らして、さまざまな除外食 (elimination diets) が試みられてきました。このなかでも最も有名なのはファインゴールド食餌（訳注 合成香料や着色料を除くことで、多動の改善がみられるというイギリスのファインゴールド博士の主張に基づく、食品添加物を除去した食餌〉です。いくつかの二重盲検のプラセボ対照試験では、ファインゴールド食餌や砂糖の行動への影響は支持されませんでした (Egger et al. 1992; Wolraich et al. 1995)。ジャンクフードに含まれる一般の食品添加物によってADHDが引き起こされる可能性を示唆すると思われた2007年の研究 (McCann et al. 2007) に、多くのメディアが注目しました。英国における一般集団から抽出した子どもに、食用色素やよく用いられる保存量（安息香酸ナトリウム）を含んだ飲み物を与えました。子どもの大半（3歳児グループと8歳・9歳児のグループ）で過活動症状の増加が示され、「食品添加物が少なくとも幼児期半ばまでの子どもの過活動行動（不注意、衝動性、多動）を悪化させるという事実を強く支持した」ことで注目されました。この研究の重要性と有効性についてはほとんど反論が唱えられていません

6 薬物治療について教師が知っておくべきこと

が、今後うまくいけば、多種多様な食品添加物（それらの多く、特に食用色素は、必要かどうかが非常に疑わしい）に生じうる副作用についてさらなる研究が行なわれることでしょう。著者の臨床場面では、親に健康な食餌の重要性を説明するのに、いつもこの研究を引き合いに出しています。とはいえ、メディア報道で漏れていたと思われることは、添加物が過活動症状を増加させた程度は、観察されたほとんどの事例で、穏やかだったということです。食品添加物は過活動行動を悪化させ、その結果、統計的有意性が確認されるレベルに達したものの、ADHDと診断されるに至る広域かつ重篤な症状を引き起こすほどではありませんでした。

（薬物に代わる）自然な治療法を見出そうとする希求は非常に強いものがあります。誰もが最小のリスクで最大の利益が得られる治療法を使いたがりますが、残念なことに、自然であることや薬草の方が必ずしも、安全であるとは限りません。さらに多くの親が代替療法を用いることで、ADHDという診断および刺激薬の使用に伴う不名誉をどうにか避けることができると感じています。

あいにく、自然や薬草を用いた方法が結局のところ無害であるとしても、リスクと利益の可能性についてもっとよく知られている、綿密に研究された薬剤の使用を著しく遅らせるとしたら、子どもにとってかえって悪い結果をもたらすことになるかもしれません。

伝統のある薬剤と比べて、自然治療が十分に研究されていないことには、少なくとも一つの特記すべき理由があります。自然療法薬は、その定義上、自然のなかで発見されるわけで、この種の物質は大抵そのまま詰め合わせて使用を促進したいと望む会社にとって、特許権を取得することが容易ではないのです。特許制度は個人もしくは会社に所定の期間、ある製剤を研究し、開発し、市場に出すための特別な権利を与えるものです。いったん特許を取得すれば、会社はもはや（数年間は）、競合する第二、第三の会社が研究成果を横取りして、同じ製剤を最小の投資で市場に出し利益をあげることに、自分たちの研究や開発への投資が使用されるのを黙認せざるをえないという危惧を抱く必要がなくなります。したがって、薬草剤で特許を取得できない限り、これまでのところ民間企業が研究資金を使おうとする誘因がほとんどありませんでした。それでも、最近の米国では一般大衆の薬草剤に対する関心が劇的に高まり、民間企業と政府双方によるこの分野への資金提供の動きが増えています。

20. ADHDの治療法としてのプロザック

プロザック（フルオキセチン）は、薬剤の部類ではSSRI（選択的セロトニン再吸収阻害剤）に含まれます。この部類の他の薬剤には、ゾロフト（セルトラリン）、パキシル（パロキセチン）、ルボックス（フルボキサミン）、セレキサ（シタロプラム）およびレキサプロ（エスシタロプラム）があります。脳への作用機序はわずかに異なるものの、どれも類似しています。また、どれもADHDの中核症状を直接、標的とするものではありません。このような事実とは裏腹に、不安、抑うつ、もしくは強迫が主たる症状や徴候である場合には、これらの薬剤がADHDを抱える子どもによく用いられます。この部類の薬剤は、簡単

21. 薬剤は学習能力障害に有用か

現時点では、直接に学習能力障害を改善する薬剤は、現実には存在しません（この点では発達障害も同様です）。それにもかかわらず、ADHDの症状あるいは薬剤に反応するそれ以外の問題が学習障害と併存する場合、少なくともこの領域を狙った薬剤を有効に用いることができます。いったんこうした併存可能な問題が軽快すると、学習障害自体に由来する不具合（impairment）が明確となり、当初考えられていたほどには重症ではないと見られるかもしれません。

にはめげない、多少のことに動じないようになる能力を飛躍的に高める傾向があるという点で、（多動性と対照をなす）過敏性（hyperreactivity）の改善に極めて効果があります。この部類の薬剤は、慎重に使う必要があります。子どもに双極性障害が疑われる場合、まず気分調整薬を使用せずに抗うつ薬を使用すると、躁病の症状や気分の周期を悪化させることがありえます。こうした薬剤は最適効果を目標に毎日投与される必要がありますが、服用量を見誤ると、場合によっては重篤な引きこもり、焦燥感、めまいを来す可能性があります。

22. ある生徒の著しく挑戦したり反抗したりする態度に、薬物治療は効果があるのだろうか

ほとんどの場合、直接、役に立つことはありません。反抗挑戦性障害（ODD）はADHDと併存することが多く、特に数年間ADHDを治療せずにいた場合によく見られます。こうした問題を抱える子どもは、多くの場合イライラし、怒りっぽく、よく爆発しがちです。いつも親や教師と言い争い、諍い（いさか）になるといつも相手をなじる傾向があります。盛んに規則に逆らい、さらにひどい場合には、法に触れるトラブルを起こすこともあります。

ときに抗うつ薬を服用することで症状が緩和するであろううつ病が根底にあり、こうした症状はその一部である場合もあります。しかし、反抗挑戦性障害がうつ病と関係していることは気づかれないことの方が多いものです。そのような場合の適切な対応は、ADHD自体には薬剤で取り組み、本章以外の各章からできるだけ多くの他の行動管理戦略を学び取ることです。よくあることですが、刺激薬を服薬するだけで、若干の反抗挑戦性障害の症状が直接、改善することがあります。刺激薬による治療と、適切な行動管理と、段階的な自尊心の改善とを並行して行なうことで、時間とともに改善することがよくあります。この問題に対して広く容認された薬剤がないにもかかわらず、多くの親や精神病医が、衝動性もしくは攻撃性といった、併存することの多い症状を緩和させようとして、抗うつ薬、α作動薬（たとえば、カ

23. 要約

　子どもに投薬するかどうかを親が決めるのは難しいものです。したがって、スクールカウンセラーとしては、子どものADHDに向けて薬剤を処方することにまつわる親の不安や懸念に共感と納得を示すだけでなく、ADHDの薬物療法の利点と限界について理解しておくことが重要です。本章の意図は、実際にADHDに特定の薬剤を使用するに際して、親やスクールカウンセラーが最も抱きがちな質問のいくつかに答えることでした。

　著者はADHDの治療で用いられるさまざまな薬剤について検討しました。刺激薬の使用に付随する最もよくみられる副作用と厄介な問題について概説し、治療途上で遭遇する可能性のある問題に対処するためのさまざまな選択肢について検討しました。

タプレスやテネックス)、神経遮断薬（たとえばエビリファイ、ジプレキサ、セロクエール、リスパダール)、抗てんかん薬・気分調整薬（たとえばデパケン、リチウム、トリエプタール）といった薬剤を懸命に試みようとするでしょう。時には、こういったADHD向けではない薬剤がかなり効果を発揮することがありえるのです。

7 親への有効な伝え方

1. 親という最重要資源

初めてスクールカウンセラーのもとを訪れる、罹患した子どもの親は、その子どものことで、学校や親族や配偶者や隣人との接触による嫌な経験を詰込んだ重荷を背負っているように見えることがよくあります。学校が、近隣と同じように、親にとってストレスを高めるものと見なされ、時には憤りや怒りの引き金となり得るのです。ですから、学校が親にどう話すか次第で、親と共に取り組むのか、それとも学校を避けるのかといった親の態度は著しく違ってきます。

でしょう。以下のように述懐する親もいます。危機を乗り切ろうとして、気づいてみたら、子どもの主治医と幾度も面談し、地方や州でのADHDの集会に参加し、苦労して稼いだお金をADHD専門家の診療の支払いに当ててきた等々。そして、家庭の書棚にはADHDに関する自己啓発書が並ぶことになります。経路はさまざまですが、親は自分の子どもに関わるこの疾患の専門家となります。ですから、子どもの振る舞いについて教師の理解を促進しようとするなら、決して親を排斥したり、無視したりしてはなりません。親は子どもに働きかける最善策に通じるアイデアを豊富に持ち合わせているかもしれないのです。もし学校と親との意思疎通や信頼関係が破綻すれば、遺憾ながら、こうした知恵も失われてしまいます。そうなると、悲しいことですが、親と学校スタッフの両者共が、子どもの振る舞いについて頭でっかちになってしまいます。こうした事態が到来したように思われるときには、カウンセラーは親の話に傾聴し、教師の言い分を聴取して、動転している大人に子どもが巻き込まれないようにすることが自分の役割なのだと認識しておく必要があります。

子どもが学齢に達するまで、親は子どもの世話をし、食物を与え、安全を守ることに多くの時間を注いでいます。子育ては、平穏でも、容易でもありません。罹患した子どもを育てるとなると、さらに手腕を問われることになります。時には毎日のように、スープを沸騰させるような振る舞いを示す子どもは、欲求不満の感情を引き起こすこと

2. 親が直面している苦労を尊重し是認する

学校は、罹患した子どもと親が必要としていることへの共感、理解、尊重、関心を伝える必要があります。親と手を結ぶことによって、学校は子どもの困難に対処するより良い方法を見つけることができます。非難は無用です。非難されると親の胸中で、学校は自分の苦闘や努力を正当に評価していないという思いが強まります。

これまでの章で示唆したように、たとえ最善の環境であっても、ADHDを抱える子どもを育てることは容易ではありません。ある親は、自分の置かれた状況は鎖でつながれた犬と同じだと述懐しました。それによると、いくらか自由に動いたり選んだりできるものの、好むと好まざるに関わらず、いつも鎖に引っ張られているとのことでした。子どもの生活と密着しすぎて、時に「子どもの問題で息が詰まる」ことがあると捉えていました。主導権を握る子どもが思うままに鎖を引っ張っているとも感じていました。その苦痛から解放されることを切望し、この母親はよく家族を父親に任せて家を飛び出すことを夢に描いたものでした。自分では決してそうしないと分かりながらも、そういった考えが度々心に浮かび上がりました。罹患した子どもの親は、嵐のまっただ中にいて、救助の手だてがまったく目に入らないという思いでいることがよくあります。このような場合は、子どもと学校の問題からいったん離れて休息を取る必要があります。ちなみに、ルドルフ・ドレイカーズは、怒れる隣人や取り乱した教師から逃れることを、「メンタルな撤退としてトイレに籠る」と名づけています (Dreikers, 1964; Lougy & Rosenthal, 2002)。

教職員が親の苦労に気づくことができるよう援助することと、学校と同じように親も欲求不満を抱いている可能性があるということを是認することにおいて、カウンセラーは重要な役割を果たします。著者の経験では、ほとんどの親が子どもの通っている学校を気に入り、担任が果たす重責に一目置いています。罹患した子どもの親は、子どもが困難に直面していて、援助が必要なのだとよく分かっていることや、親が学校に望むことは、自分たちの努力が却下されないことや、子どもが行動面と学業面での目標に到達しなくても非難されずにいることなのです。

3. 親の子どもに対する代行と後押しとを峻別するよう促す

親なら皆、同じなのですが、罹患した子どもの親も、子どもがすべきことを代わりにしてしまうことがあります。子どもの代行をしているときと、子どもの自己決定を後押ししているときとを区別できるよう親を援助することが大切です。

罹患した子どもの親が子どもの振る舞いを弁解する立場に行き着くこともあります。これは適切なことでも、子どもにとっての最大の利益になることでもありません。ADHDは「(モノポリー・ゲームの)刑務所釈放券」ではありません。罹患した子どもといえども、服薬の有

無に関わらず、その振る舞いに対して責任をもたねばなりません。世間は他者の安寧と幸福を妨害する振る舞いを許容しません。あらゆる子どもが相手をないがしろにする交流を抑止し、自分の衝動をあらわにしない、望ましい方法にたどり着くよう教育されるべきなのです。ジョン・テイラー（1994）によると、親は、保護という形で子どもの前面に立つのではなく、子どもと他者の関係にお膳立てをする必要があります。親は、罹患した子どもがその振る舞いにお膳立てをしないことを学ぶ必要があります。子どもは親が自分の振る舞いについて直接、相手と折衝すべきなどないと感じ始めると、その「社会に適した状態を維持しようとする肝心な動機」を失ってしまうのです（Lougy & Rosenthal, 2002; Taylor, 1994, 2001）。

では、なぜ罹患した子どもの親が子どもの振る舞いを弁解する場面に時々出くわすのでしょうか。

それには多くの理由があるでしょうが、著者がこれまで経験したテーマの一つは、ラッセル・バークレー（Barkley, 1995）が述べているように「子どものことが分からない」という親の思いです。親子間での不調和が続くことにより、距離ができていくように思われ、それが親にとってはひどい苦痛となります。親は子どもやそれ以外の家族成員に対して、不機嫌で、イライラし、怒りっぽくなります。子どもとの絆が失われたという気持ちになると、──その子どもには多大な我慢と思慮が必要ですが、親は時に自分が子どもから愛されていないのではないかと思ってしまいます。残念なことに、親は罪悪感の埋め合

わせをしようとして代行をすることで、子どもをダメにしてしまうのです。

スクールカウンセリングに委託したりするうえで、親を外部のカウンセラーは、親のこうした感情に対応したり、親を外部のカウンセリングに委託したりするうえで、極めて重要な役割を果たしますが、それによって、親は子どもに対する矛盾した気持ちに向き合っていけるようになります。親が子どもとの関係で罪悪感を減弱させ、安心感を増強させるようになると、教育者側の提案を反論せずに受け入れ、子どものためにお膳立てをしようとすることがなくなるのです。

4. 一定の間隔での連絡が重要

親、教師、子どもが一定の間隔で連絡を取ることは、罹患した子どもへの連綿とした対応を続けるうえで重要です。ここまでの章で述べたように、罹患した子どもが最適な反応を示すのは、様式に富むモデル治療プログラムです。罹患した子どもと取り組むにあたって、カウンセラーは、関係者全員が連絡を取り合い、子どもの教育面、社交面、情緒面で必要なことが確実に満たされるよう先行きを見越すことが必要です。カウンセラーに特定される役割は、何か事があったときに、教師、子ども、親に心配や質問を表明してもらう機会を提供することです。

いったん介入計画が確立されると、カウンセラーは一定の間隔で教師、親、子どもとの接触をはかる必要があることを承知しておくべ

です。望ましくは、子どもが良い方向に向かうまでは、教師、子ども、親と週一回は協議すべきです。それ以降は、教師と2カ月に一回の割合で連絡を取るべきです。筆者は、連絡を取ったり質問に答えたりするのに、電子メールが役立つことに気づきました。しかし、電子メールを使うときには、必ず親や教師と守秘義務について話し合っておかねばなりません。

親は、子どもが学校で厄介な事態に陥り、家庭での躾を変えるよう要求されたときに支援が必要になることが多々あるでしょう。親は批判や迫害の感情に非常に敏感なので、カウンセラーは、このような兆しが見られるときには、その気持ちについて傾聴することが必要です。それでも信頼関係があれば、カウンセラーは、大抵の場合は、最初は不愉快に感じることのある変化を親が受け入れるよう促すことができます。

教師にとっても、変化するよう言われることは不愉快なことです。親と同様に、教師も時々、要求されることが多すぎるとか、完全に満足できるような介入ではないと感じることがあるでしょう。筆者は教師にADHDについての知識を与えることが、変化してほしい理由を納得してもらうのに役立つことに気づきました。それでも、変化というものは容易ではなく、時に、教師や的外れな管理職の抵抗にあいます。教師や管理職がどのような変化にも抵抗や柔軟性のなさを示すように思われるときは、ADHDを抱える子どもの公民権保護について伝えることが最善策であることがよくあり、こうした特別な子どもに対処するには学校をあげての計画を設定することが推奨されます。

5. 教師と親の話し合いへの参加

罹患した子どもに対応するとき、スクールカウンセラーは教師と親との定期の話し合いに出席するよう求められます。実際にもし招かれないとしたら、重要なスタッフが参加しないとか、子どものために必要な投入を行わないという点で不安材料となります。学校は、スクールカウンセラーのことを、子どもの進歩を査定し、関係者全員に機密情報を提供する資格と訓練を積んでいると見なすべきです。ですから、カウンセラーは、親と教師との面談にできる限り多く参加することを優先する必要があります。

これまでに論じてきたように、カウンセラーは自分の役割をADHDの専門家ではなく、コンサルタントであると考えるべきです。カウンセラーは、子どもの困難に対処するにあたり協働モデルを強調し、その雛型を示すことができます。多くは、感情に巻き込まれず、没入せずに、比類のない客観性のある見解を話し合いにもたらすことができます。カウンセラーは、参加できないくらい幼い子どもの場合にも、子どもの視点を共有できるよう保証することもできます。そのような話し合いでは、年長の子どもでも圧倒されることがあり、その際、カウンセラーが子どもの代弁をすることも可能です。カウンセラーはいざという時には、子どもの公民権を提唱する準備をしておくことが重要です。子どもの振る舞いが深刻な場合、カウンセラーが子どもの公民権を提唱する準備をしておくことが重要です。権利や公民権が認められなかったり、失われたりすることが時にはあります。

カウンセラーは、子どもの公民権が確実に踏みにじられないようにするのに役立つ情報を、話し合いに持ち込むことができます。子どもの障害に取り組む介入を検討し、調整する場面で、カウンセラーは重要な情報を提供し指導することができるのです。

6. 要約

本書を通して強調してきたことは、ADHDを抱える子どもが学校で困難に立ち向かっていること、服薬していても問題行動のいくつかが緩和されるだけで、除去されることはないということです。ですから、学校は常日頃から、罹患した子どもと取り組む方法を模索するよう問われているのです。

たとえ教育環境が最善であっても、罹患した子どもはいつの間にかトラブルに巻き込まれ、家に送り返されます。多くの子どもにとってのジレンマは、学校が自分たちを受け入れる準備ができていないということと、自分たちが学校に期待していないことです。教室での配慮という点では、通常、罹患した子どものための選択肢は限られたものです。学校はほとんどの場合、こうした子どもが今以上にうまくやっていくのに必要な教育上の設定を提供していないというのが著者の示唆するところです。一般に、学校が配慮するのは極めて緩慢なのです。学校がADHDを抱える子どもに見られる、基盤にある神経障害の発症を防止することや、間違った養育を「是正」することはできないとしても、学校にはこうした障害によって学習面や社会面での失敗が起きるのを未然に防ぐという優れた任務を果たすことができるのです (Lougy & Rosenthal, 2002)。

著者の願いは、読者のみなさんにこうした子どもに対処する新たなアプローチを受け入れる、新しい着想、希望、知識、自信を提供することでした。「はじめに」で示唆したように、「教育者として読者は、虚心坦懐、柔軟な姿勢で、必要に応じて進んで流れに身を委ね、もしくは方針を変えなければなりません。また、率直になり、冒険を逡巡せず、試行錯誤によって介入の道が開かれる場合が多々あると心得ておかねばなりません」。

幸運を祈ります！

訳者あとがき、および解説

訳者を代表して　石川　元

本書は、その原題が The School Counselor's Guide to ADHD : What to Know and Do to Help Your Students であり、開いた本の頁を一羽の剽軽なワタリガラス (corwin) が跨いでいる (勇気と学習との橋渡しをするという含意) ロゴで知られる、コーウィン・プレスより、二〇〇九年に上梓されました。PreK-12 (幼稚園〜12年生) を手がける教育職者を支援し、その業務向上に貢献する図書を次々と世に問う、カリフォルニア州サウザンドオークスにあるユニークな出版社です。

G・A・デポールの書評によれば、「すべてのスクールカウンセラーの机上に置かれるべき」本書には「最低でも十年間、毎年120冊の書籍を読み込まなければ得ることのできない情報と知識」が登載されています。

ADHDを抱える生徒の理解に繋がる最新の研究とエビデンス、我が国であれば臨床医や精神力動論に明るい心理職には苦手で、認知と動作を扱う教育研究者や作業療法士が得意とする学校現場での教育法から、医師以外には無用とされることの多い薬物療法までも含んだ、最善の対応・治療術に役立つハウツーを提供しています。最適環境を創出し、ADHDの生徒とその家族を支援するための、アップトゥデートな知識、歯に衣着せぬ提言、即座に簡易に施行できる実践手段

は、それを必要としている教育専門家の需要にも対応することでしょう。

目次からお分かりのように、ADHDの主因、症状、介入法、脳の実行機能に関する現時点での詳細な情報、スクールカウンセラーが果たす役割である、生徒個々人の成果を確実にする有効な介入の提供、指導を遂行でき生徒の行動を管理し授業への適応を容易にするような教師との協働、生徒の発達や諸課題についての保護者との情報交換、ADHD薬物療法一般とその効果・副作用、といった内容はすべて具体化したうえでの明瞭な記述です。

原著の書名に使われている「スクールカウンセラー」は日本とアメリカでは、その資質も役割も違うので、翻訳書名で安易に踏襲するのは避けました。スクールサイコロジストも別個に存在する米国のこと。両邦の「スクールカウンセラー」に、学校外部と内部社会とのワタリガラスという役割上の共通点を、乏しい情報から見つけるのは難しいでしょう。むしろ重要なのは、本書でいうスクールカウンセラーが、教育者や研究者や臨床医といった各専門家それぞれ持ち前の資源を学校という拠点を軸に収束させる役割にあるという現実です。つまり、我が国でなら、職種を問わず、そういう人物を現場で同定し、機能を発揮させる、今後の采配が問われているのです。

異種性疾患（生物学上、質の違った疾患の集合体）であることが多くのエビデンスによって判明し、おおよその機能欠落部位が前頭前皮質だと実証され、行動特性だけからADHDという暫定的なレッテルを貼られた生徒は、小中学校40人のクラスでなら1人から2人という高率で存在します。薬物療法だけを考えるとしても、その数に対応する薬剤はアメリカに見合う多種類が必要でしょう。日本で外資系が（成人の）ニコチン作用製剤の治験に入り、昔からある大手製薬会社がアンフェタミン製剤の実用化に向けて既に動きだしている現実は、単なる利鞘の追求だけに終わらず、より良い予後を求めた需要の先取りでもあるのです。
　繰り返しになりますが、生物で進化の先端たる人類の、しかも込み入った脳の、加えて最もバリュエーションに富む部位である前頭葉に不具合の局在があるわけですから、仮に実行機能低下ひとつだけを取り上げてみても、その表現は個々人で著しい差異がある筈です。ですから、本書の「十年間、毎年120冊」に相当する情報量は決して誇張ではありません。しかし、情報の多さは、活用されなければ単なる豪華な付録にすぎません。本書の、他に類をみない要（かなめ）は二点です。ひたすら生徒の「成功（success）」を目標に資源をコーディネートする方向を提唱した点、複雑に隘路（あいろ）を探し求めて彷徨しているADHD対策を、現場にひとまず返す点です。後者は、DSM-5での成人（17歳以上）への拡大を勘案すると殊更に、いままさに問われている命題でもあります。

　そもそも、ADHDの診療には学校との情報交換が欠かせません。話はいきなり矮小化しますが、文部科学省の特別支援教育が始まる数年前から、外来に来られこれから投薬を行うADHDの患者さんで、ご家族や学校管理者の許可が出たケースがあると、欠かさず多職種チームを編成して学校訪問していました。興味のあることや好きな学科なら過剰集中できる、小学校に入る頃には離席のような行動はなくなった、マイペースで過ごせる家庭あるいは逆にきびしい親の躾のもとでは症状が隠蔽されている、といったケースで、保護者に「うちの子は不注意も多動もありません」「ADHDではありません」と言わしめる子どもを「退屈な授業」時に観察したかったからです。とには幼稚園や保育園にも行きました。お遊戯の場面は全員ADHDさながらな園児。保育士さんに頼んで皆でぐるぐる回って笛を吹いたらフリーズ、という遊びをしてもらいます。ほとんどが宙に固まった時点で、まだ所在なく彷徨（うろつ）いているのが相談を寄せられた子どもでした。現場としての学校での観察はそれぞれの職種を育てる貴重な体験となりました。
　覚醒剤に近いリタリンを処方するわけですから、こちらにも覚悟が入ります。使用前、使用後、増量後と「退屈な授業」を確認しに出向きました。現場に赴くことの間接効果により、教師と親との間で話があちこちで加工されたり美化されたり、逆に誇張されたり作話されたりすることも無くなり、各立場での観察結果の齟齬（そご）も減り、教育と医療の価値感の落差は埋まりました。
　特別支援教育体制が始まる前の学校には「俺の目の黒いうちは子どもに薬なぞ飲ませるものか」という校長先生もおられました。「授業に

起爆剤となるような「退屈な授業」とはほど遠く、複式で2〜3人に教師が1人という状況。その中で佐々木先生がADHDを考えられたのは、不機嫌になったときのキレかたの凄絶さと、生徒自身が発露した、意志で己をコントロールできないもどかしさでした。深層心理や環境因子からはどうしても気持ちを推測できません。ある日、泣いて登校してきたので話を聴くと「ボクが悪くない」という言葉を幾度も繰り返すばかりなので、思い切ってシャツをめくると、背中にみみず腫れのあとがありました。学校では少しも見られない多動や不注意をまた同じことを繰り返す子どもに対して、閉塞された職域と不自由な離島暮らしで焦燥感を募らせた父親が加えた体罰の痕跡でした。佐々木先生の要請による私どもの訪問で、投薬が開始され、それらの問題は一気に解決しました。

ADHDを発達障害と想定する教育界と、行動障害に分類してきた医療界とで、ともにDSMを使っているという点にも、ADHDのユニークさが現れています。特別支援教育準備期の頃にも、学校訪問のとき、私どもも用いるようになったスコアは、もともとが6・3％という数字を打ち出した文部科学省で作成されたもの。その中で、広汎性発達障害にあたるものはスウェーデンだけで診断名にしている「高機能自閉症スペクトラム障害」から、特異性発達障害（学習障害）は文部科学省の骨組みを中心に点数化されていますが、ADHDに関してはDSM−Ⅳの項目を一字一句違えず援用してありました。DSMでの原型は、というより、診断基準の項目（いずれも52％以上の頻度で出現するという意味の「しばしば〈often〉」が前に付く）に登場する「手足そわそわお尻もじもじ〈fidgets with hands or feet or squirms

困るので処方してくれませんか」と親を通して依頼してくる担任にも出会いました。伝家の宝刀であるリタリンもそこでは毒か罰の代わりでした。学校に行くと、「医大の先生方、二階の校長室にお上がりください」と玄関に貼り紙があり、ノックすると手厚くもてなされてコーヒーそれにケーキまで出て、帰途には「今度はいつ来ていただけますでしょう？」と丁重に期待を懸けられる。そういう場合は、患者さんのタイプは、なかには授業妨害する強者も混じった多動性衝動性優勢型の男児でした。「ああ、今日でしたか、そうでしたよね、何か研究に使われるんですか」と教頭に怪訝な目でみられ、お茶どころか、感触も問われず、見送りもされない場合は、患者さんのタイプは不注意優勢型の女児でした。学校という秩序による「鑑別診断」は実にストレートでした。特別支援教育体制にはまだまださまざまな問題があるとはいえ、最近の学校での疾患への理解には、長足の進歩を感じていますので、既に過去の話です。

非公式の学校訪問は、治療者にしたいような広汎性発達障害の子どもを抱えるお母さんと出会うことがあるのと同様に、私どもが今でも外来との邂逅の場でもありました。その方たちは、素晴らしい教師でなく、教師、保健師、家裁調査官、保護者、学生が参加する学校医療連絡協議会の重鎮です。一例を挙げますと、もう十年も前のことですが、佐々木広子教諭は、当時、ハンセン病患者さんを隔離してきた瀬戸内の離島にある超小人数小学校の担任でした。電話をいただいて訪問すると、微かな風の音さえ意識される実に静謐なロケーション。症状の設で働く職員の子どもだけが在校生でした。電話をいただいて訪問すると、微かな風の音さえ意識される実に静謐なロケーション。症状の

in seat)」「エンジンが掛かった (driven by a motor)」などは、学校での症状を観察した各時代の文献に出自を辿ることができます。一九六〇年前後のアンフェタミンを服用させた行動観察の評価表に項目そのものが存在します。一般に「衝動性」というと、出会い頭、相手に鉄拳を浴びせたりナイフを振り回して狼藉を働いたりという場面を想像しがちです。原語の impulsive もそれに近いのですが、DSM のADHDには「(質問が終わる前に)出し抜けに答える」「順番が待てない」「(会話やゲームで)他人の邪魔をする」の三つしか挙げられていません。これらは衝動性とはいえ、犯罪に親和性のあるパーソナリティの属性や触法行為の形容なり、街をたむろする不良予備軍の短絡や暴力団舎弟の直情なりとは異なり、40人のクラスに2人も居る年齢より幼い落ち着かない生徒の特色であることは火を見るより明らかです。

ADHDの歴史を繙くと、17世紀にはじまる注意欠如への適切な観察の対象も学童でした。20世紀初にはじまる注意欠如への適切な観察の対象も学童でした。18世紀のアレキサンダー・クリヒトンの「注意力とその病気」を講義した医師を開発したい」と切望する、医師でもあった、哲学者にして社会契約論者、イギリスのジョン・ロック(一六三二－一七〇四年)が観察した、「最大限の努力をしているときでさえ散漫になってしまう」子ども。18世紀のアレキサンダー・クリヒトンの「注意力とその病気」を講義した(知能や家庭環境に問題がない)一連の不品行な子どもは、当時の教育での厳しい修身のもとでも逸脱するということで、脳損傷症候群 (brain damage syndrome) と命名されました (一九〇二年)。スティルの発見に続き、一九一七－一九一八年にはエコノモ脳炎(嗜眠性脳炎)がヨーロッパとアメリカで大流行し、そのサバイバーである子どもの後遺症としての多動が、仮説にすぎなかった脳損傷候補群を正当化し、後世の微細脳損傷 (MBD)、更には今日のADHDの脳起因説を強化する方向への生物学上の基盤を構築しました。アメリカで広汎性発達障害の病理が精神分析や精神力動論や家族病理学説で説明されたような時期が、ADHDの歴史で大きく欠けているのはそのためです。

その後、アメリカでは、ADHDの歴史を更に脳起因説と学校発症に絡めるような劇的な椿事が起きました。一九三七年、ロードアイランド州のブラッドリーホームでは、学校から紹介されてくる行動や学業上の問題児全員から脳脊髄液を採取していました。施設長チャールズ・ブラッドリー医師が検査好きだったからです。ところが、髄液採取が招いた脳圧低下による頭痛に苦情が殺到。そこでブラッドリーは当時運転手や受験生に多用されていた覚醒剤を投与すれば脳が活性化され髄液が増え頭痛は消失するだろうと思いつきました。投薬の結果、目論見は外れ頭痛には無効でした。ここからが重要です。図らずも多動性衝動性や算数障害の著しい改善が教師から報告されたのです。アメリカは精神分析全盛の時代で、ブラッドリーも例に漏れず精神力動論で事態を説明しようとお茶を濁しましたが、首尾良くまとまらず、そのうちアンフェタミン(ベンゼドリン)を生徒に投与した学術論文が相次ぎ、精神力動論でメカニズムを想定した辻褄合わせより も、投薬下、評価尺度 (C・K・コナーズなど)によって病態の推移を

見ることの実利が優先されました。やがて、一九四四年、スイスのチバ製薬で化学者レアンドロ・パルニゾンが、テニスをするとすぐにダウンしてしまう、愛する妻（マルゲリータ）の志気を高めようと開発したのがメチルフェニデート。妻の愛称リタに因んで商品名がリタリンと名付けられアメリカで認可されると、アンフェタミンよりも依存性が低く、忍容性の高い（使い勝手の良い）ために、児童への使用が急速に広まりました。

一九八〇年、ドイツ系精神科医ロバート・スピッツァーの台頭でDSM–Ⅲが登場し、ユダヤ系重鎮と精神分析が中心だったアメリカの精神医学が、（もう少し後に活躍していたらナチス医学と一体化したと共通性を取り沙汰された）クレペリンへの復帰を標榜するネオクレペリニズムのもと、行動特性によってADDは操作式に診断されます。多動を伴ったり伴わなかったりするADDはその後、多動が主か不注意が主か両者が対等かがフィールドワークにかけられ、ADHD（DSM–Ⅲ–R）を経てAD／HD（DSM–Ⅳ）へと変遷。二〇一二年五月に公表された最新草案によると、二〇一三年五月発刊のDSM–5では、現行DSM–Ⅳ–TR（二〇〇〇年）でのAD／HD（注意欠如・多動性障害）という疾病名称と診断基準を踏襲したまま、マイナーチェンジを受ける予定です。これまで反抗挑戦性障害や素行障害と一緒に破壊を伴う行動障害を示唆するジャンルに分類されていたAD／HDは、知的発達障害（旧名：精神遅滞）、自閉症スペクトラム障害（ローナ・ウィングのセイフティネット概念と同綴だがウィングの意向とは正反対に、レット障害などを除いた従来の広汎性発達障害にほぼ相当するも、単一病名として一括され、重症度で各病態を表記）、特異的学習能力障害（旧名：学習障害）、運動発達障害（各種チックなど）と一緒に「神経発達障害」のジャンルに分類されます。大人にまで拡大し、三大中心症状（不注意群、多動性衝動性群）それぞれ九つのうち子どもは従来通り六つですが成人は四つあれば可とし、前述のように診断基準は一字一句DSM–Ⅳを踏襲しますが、成人の症状を盛り込みつつ具体性のある例を簡潔に（大冊のテキスト中ではなく）診断基準項目の後ろに括弧付きで添えます。症状の初発年齢は7歳未満になっていたのが12歳まで引き上げられます。広汎性発達障害（DSM–5では自閉症スペクトラム障害）はADHDの併存症として並記できるようになりました。これらは、ADHDを日常臨床で扱っている向きには、青天の霹靂(れき)とはほど遠い改変といえます。

こうしたマイナーチェンジの中で、おそらくは誰もが予想せず、最も驚嘆したのは、DSM–5では不注意優勢型、多動性衝動性優位型、混合型といった診断レベルの分類がなくなり、単にその時期の特徴(state)として追記（あってもなくても良い）されるに留まることです。これまでの三つに不注意限定状態が加わります。カウントされない「状態」への格下げは、型分類を設ける差異に見合ったエビデンスがなかった事実に由来する決断です。本来のハンス・アスペルガーによる「自閉性精神病質」（一九三八年）に倣って、優秀資質を有するパーソナリティを「アスペルガー障害」としないで、認知（知能）や言語の発達遅延がないというだけで定義したアスペルガー障害が、（高機能の）自閉性障害と臨床統計上区別できなかったために、DSM–5で自閉症スペクトラム障害と一括化したのと同じ経緯でしょう。遺伝子レベルでの診断（DSM–7あたりと推察されている）が時期尚早

なので、境界が曖昧なものは亜系に細分せず大まかな区分に戻るという螺旋状進化なのです。

前述のように、ADHDの異種性であることの実証は次々と進んでいて、細分類撤廃の大きな根拠でした。DSM-5の最終ドラフトが出される前、DSMやICDに関与しているシュヌーガバーク・エドマンドが私どもの招聘（可能性があるとは思ってもみなかった夢が実現したのは、かつて宇宙飛行士を目指す最高学府に在籍したグローバルな若き畏友小川省一郎、そのスケールのでかさに負うところが大きい）で初来日した〈発達障害国際シンポジウム・女木島2011、香川県高松市女木町で七月九日に講演〉とき、草案での細分類撤廃のことは耳にしました。

シュヌーガバークはヨーロッパ（主にイギリス）で活躍するサウサンプトン大学（ベルギー）の教授です。数年前までアメリカの心理学者D・B・バークリーによる「実行機能説」一辺倒だった、世界レベルでのADHD症状発現仮説は、シュヌーガバークによる、側坐核と線条件が絡む報酬強化系を加えられた「二重経路モデル」（二〇〇二年）で一気に塗り替えられました。続いて、シュヌーガバークは側頭葉や小脳などが関与する「時間処理系」を加えた「三重経路仮説」を二〇一〇年六月に発表。ADHDの常識を二度も震撼させた神経心理学者です。蓋を開けてみて驚嘆したのですが、瀬戸内の離島、女木島でまだ論文になっていない、最新の、ADHD4機能不全説（実行機能・遅延報酬・時間処理・状況調整）が披露されました。

ADHDの臨床は学校と深い関連があるということをお伝えするために、ADHDの歴史を少し詳しくお話ししましたが、4機能不全説

の詳細はあとがきの趣意には沿いません。なぜここで女木島でのことを持ち出したかというと、ADHDについての比類のない最先端な研究成果の講演のあと、シュヌーガバークが熱意を込めて示したのは、細分類撤廃の新説に基づくADHDのあらたな型分類ではなく、研究成果を延長して大学で近隣領域の研究者と組んで開発した生徒教育用のさまざまな機器のスライドでした。困難を抱えている生徒を「成功（success）」に導く姿勢は、本書の趣意とも共通点がありました。神田橋條治師匠からさしく同じ志向の序ならびに帯をいただいたとき、到達にはさまざまな経路があるのだけれども、三つの最高峰は緯度も経度も動かしがたい、少しの面積もない、唯一無二の、普遍性のある「点」だと、筆者は、頭脳ではなく皮膚で感得できたのです。

印刷中の段階で本書を知りました。ちょうどADHD薬物療法の入門書を依頼されていた時期で、まず第6章「薬物療法について教師が知っておくべきこと」を読みました。これまで出会った精神薬理学の専門書や臨床での使用法に触れた著作は難解なアルゴリズムや分子メカニズムの話に終始しており、次々と新知見が登場しては、前説が否定され、何が根幹で、どこが枝葉かがわかりにくい状態でした。もちろん筆者の得意領域ではないからということも災いしているのでしょう。一方で、欧米でも日本でもビギナー向きの本はといえば、原典を繙いた痕跡もないコピー量産品が目立ちました。そうした中で、第6章を読んだとき、中枢刺激薬を用いるとチックが悪化する場合、変化しない場合、改善する場合がそれぞれ三分の一ずつであるとか、同薬の依存性が取沙汰されているなかで、治療に用いるような少ない量は

訳者あとがき、および解説

問題にならないとか断言してあること、あるいは副作用をみすえた薬剤の処方の仕方など、現場で用いるのに、極めて具体性のある、学校関係者や保護者が読んでも分かりやすい、それでも深い内容に感動を覚えました。不適応におちいっているADHDの事例にはとりあえず薬物療法を行ったうえで、他の有効なアプローチで更なる改善を図るという、我が国でも昨今、支持されるようになった臨床の現状とも合致するものでした。医学部医学科の5年生を対象とした児童精神医学Ⅱの授業でADHDの数回に本書を原文のまま用いたところ、第6章は大きな興味で迎えられ、さらに、他の章から抜粋した資料でホワイトノイズがADHDの子どもの注意力をかえって喚起するという事実を紹介した時、いつも最前列に座っている編入学出身の優秀な学生、大熊康央君が「コンビニで試験勉強をするとよく記憶できるのはそのためですね」と経験を教えてくれたときは、小躍りし、教材としての良さを再度、痛感しました。

将来、児童精神医学を専攻する医学生はおそらく2％にも達しないでしょう。しかし、膨大な数の卒業生が校医になり、いや親になり、いやいや臨床以外のさまざまな場でもADHDの診断や治療の相談を受ける運命にあります。それほど頻度の高い疾患なのです。今年度も、できあがった翻訳文でADHDを学んでもらおうと思っています。

講義での感動から翻訳を決意しました。医学生のためではありません。我が国で、スクールカウンセラーを中心とした（薬物療法や疾病診断というとそれだけで、自分には関係ない医師だけの仕事だと忌避する向きもおられる）心理臨床家に、広くADHDの良い意味での境界不鮮明な曖昧さを識っていただくことが今後の学校でのADHD臨床をプラスの方向に飛躍させるのに役立つと考えたのです。

そのためにも、共訳者には現役の臨床心理士、スクールカウンセラーが適任と考え、専門領域を共有する桐田弘江に声をかけたのです。郵送より便利な電子メールよりも here and now で、地形上の遠距離にある二つの頑固・こだわりを、より迅速に同意に到達させる共訳業務には、スカイプが最強の武器であることを知った初めての経験でもありました。誠信書房松山由理子さんはいち早く、本書の素晴らしさに気づかれ、社を挙げての大きな期待は訳者二人にとって精進の追い風となりました。

初校の段階で神田橋師匠から、本書の存在価値や原著者自身も気づかないであろう、DSM「配線図」への「退屈な」思いまで見通した、ゾクゾクさせる序文をいただいたことに恐縮しております。人間たる宿命の魅力とその生物学上の欠落への「利用」まで盛り込んだ、新しい「精神療法」が、ほとんどその隠れた意図を誰にも意識されることなく、神経発達障害の世界におのずから浸透していく先鞭をつけられた師匠の、いつもながらの叡智に、改めて敬意を表します。

資料5　ADHDと症状が類似した児童期の疾患および状態像

　ここに掲載する疾患と状態像は，ADHDに似た症状を呈することが知られており，時にADHDと誤診される。

- 適応障害（転居や転校による）
- 不安障害
- 双極性障害
- 児童虐待（性的，身体的，心理的）
- うつ病
- 脆弱性X症候群
- 甲状腺機能亢進症
- 言語障害
- 栄養不良もしくは（睡眠時無呼吸を含む）睡眠遮断
- 軽症の脳性麻痺
- 軽症の発作性疾患（けいれん）
- 反抗挑戦性障害
- 広汎性発達障害
- ギョウ虫感染
- 心的外傷後ストレス障害
- 投薬への反応
- 反応性愛着障害
- 統制障害（Regulatory disorder）
- 感覚消失
- 感覚統合機能不全
- 分離不安障害
- （環境との適合がうまくいかない）気質　〔訳注：個人の特質を表わす思考や行動の様式〕
- トゥレット症候群
- 特定できない学習能力障害

資料4　子どものための推薦図書

Dixon, E., & Nadeau, K. (1991). *Learning to slow down and pay attention.* Chesapeake, MD: Psychological Services.
Galvin, M. (1995). *Otto learns about his medicine: A story about medication for children* (Rev. ed.). New York: Magination Press.
Gehret, J. (1991). *Eagle's eyes: A child's view of ADD.* Fairport, NY: Verbal Images Press.
Gehret, J. (1992). *I'm somebody too.* Fairport, New York: GSI.
Gordon, M. (1992). *I would if I could.* De Witt, New York: GSI.
Gordon, M. (1992). *Jumpin' Johnny get back to work! A child's guide to ADHD/hyperactivity.* De Witt, NY: GSI.
Gordon, M. (1992). *My brother's a world class pain.* De Witt, New York: GSI.
Levine, M. (1990). *Keeping a head in school.* Cambridge, MA: Educators.
Moss, D. (1989). *Shelly the hyperactive turtle.* Bethesda, MD: Woodbine House.
Nadeau, K. G. (1994). *Survival guide for college students with ADD or LD.* New York: Magination Press.
Parker, R. (1992). *Making the grade: An adolescent's struggle with attention deficit disorder.* Plantation, FL: Impact.
Quinn, P. (1994). *ADD and the college student.* New York: Magination Press.
Quinn, P., & Stern, J. (1991). *Putting on the brakes: Young peoples' guide to understanding attention deficit hyperactive disorder.* New York: Magination Press.
Taylor, J. (2006). *The survival guide for kids with ADD or ADHD.* Minneapolis, MN: Free Press.

邦訳文献
・Dixon, E. & Nadeau, K.（1991）.
ディクソン＆ナドー『きみもきっとうまくいく――子どものためのADHDワークブック』水野薫・内山登紀夫・吉田友子（監訳）東京書籍，2001
・Galvin, M.（1995）.
ガルヴァン『ひとりじゃないよ，オットくん――ADHDと病院のことがわかる本』猪子香代（監修）堀恵子（訳）三学出版，2001
・Levine, M.（1990）.
レヴィン『親と子で考える学習障害――LD』楓セビル（訳）研究社出版，1999
・Quinn, P. & Stern, J.（1991）.
クイン＆スターン『ブレーキをかけよう1――ADHDとうまくつきあうために』田中康雄・高山恵子（訳）えじそんくらぶ，1999
・Taylor, J.（2006）.
テイラー『学校と生活がたのしくなる本――ADHDの子のためのサポートブック』中田洋二郎（監修）上田勢子（訳）大月書店，2007

Murphy, T., & Oberlin, L. H. (2002). *The angry child: Regaining control when your child is out of control*. New York: Three Rivers Press.

Papalos, D., & Papalos, J. (2006). *The bipolar child: The definitive and reassuring guide to childhood's most misunderstood disorder* (3rd ed.). New York: Broadway Books.

Parker, H. C. (1994). *ADD hyperactivity workbook for parents, teachers, and kids* (2nd ed.). Plantation, FL: Specialty Press.

Patterson, G. R., & Forgatch, M. (2005). *Parents and adolescents living together: Part I the basics* (2nd ed.). Champaign, IL: Research Press.

Phelan, T. (1996). *1, 2, 3, Magic: Effective discipline for children 2–12*. Glen Ellyn, IL: Child Management.

Silver, L. (1993). *Dr. Larry Silver's advice to parents on attention-deficit hyperactivity disorder*. Washington, DC: American Psychiatric Press.

Taylor, J. (1994). *Helping your hyperactive attention deficit child*. Rocklin, CA: Prima.

Wodrich, D. (1994). *What every parent wants to know: Attention deficit hyperactivity disorder*. Baltimore: Brookes.

邦訳文献

- Barkley, R. A.（1995）．
 バークレー『バークレー先生のADHDのすべて』山田寛（監）海輪由香子（訳）ヴォイス，2000
- Bradley, M. J.（2002）．
 ブラッドリー『「10代の子」を育てる新技術――わがままで，めちゃくちゃな思春期とのつきあい方』白根伊登恵（訳）PHP研究所，2003
- Cohen, C.（2000）．
 コーエン『子どもの社会性づくり10のステップ』高橋りう司・益子洋人・芳村恭子（訳）金子書房，2005
- Faraone, S.（2003）．
 ファラオーネ『子どものメンタルヘルスがわかる本――わが子のことが気になりはじめた親のためのガイドブック』田中康雄（監修）豊田英子（訳）明石書店，2007
- Garber, S. W. et al.（1996）．
 ガーバー『リタリンをこえて――その効用と限界』原仁・篁倫子（訳）文教資料協会，2004
- Goldstein, S. & Goldstein, M.（1992）．
 ゴールドスタイン&ゴールドスタイン『読んで学べるADHDの理解と対応――どうしてうちの子は落ち着きがないの？』篠田晴男・高橋知音（監修）明石書店，2005
- Green, R.（2005）．
 グリーン『親を困らせる子どもを上手に伸ばす』田辺希久子（訳）PHP研究所，2003
- Hallowell, E.（1994）．
 ハロウェル&レイティー『へんてこな贈り物――誤解されやすいあなたに――注意欠陥・多動性障害とのつきあい方』司馬理英子（訳）インターメディカル，1998
- Hartmann, T.（1996）．
 ハートマン『ADHDサクセスストーリー――明るく生きるヒント集』嶋垣ナオミ（訳）東京書籍，2006
- Hartmann, T.（1996）．
 ハートマン『ADD/ADHDという才能』片山奈緒美（訳）ヴォイス，2003
- MacKenzie, R.（1993）．
 マッケンジー『子どもを上手に叱っていますか？――しあわせな親子関係を作るコツ教えます』森かほり（訳）筑摩書房，2010

資料3　親のための推薦図書

Barkley, R. A. (1995). *Taking charge of ADHD: The complete authoritative guide for parents.* New York: Guilford Press.
Barkley, R. A., & Robin, A. L. (2008). *Your defiant teen: 10 steps to resolve conflict and rebuild your relationship.* New York: Guilford Press.
Bradley, M. J. (2002). *Yes, your teen is crazy: Loving your kid without losing your mind.* Gig Harbor, WA: Harbor Press.
Cohen, C. (2000). *Raising your child's social IQ.* Silver Springs, MD: Advantage Press.
Comings, D. E. (2001). *Tourette syndrome and human behavior* (2nd ed.) Duarte, CA: Hope Press.
Cox, A. J. (2006). *Boys of few words: Raising our sons to communicate and connect.* New York: Guilford Press.
Dendy, C. A. (2006). *Teenagers with ADD and ADHD: A guide for parents and professionals* (2nd ed.). Bethesda, MD: Woodbine House.
Edwards, C. D. (1999). *How to handle a hard-to-handle kid: A parent's guide to understanding and changing problem behaviors.* Minneapolis, MN: Free Spirit.
Faraone, S. (2003). *Straight talk about your child's mental health: What to do when something seems wrong.* New York: Guilford Press.
Garber, S. W., Garber, M. D., & Spizman, R. F. (1996). *Beyond Ritalin: Facts about medication and other strategies for helping children, adolescents, and adults with attention deficit disorders.* New York: Harper Perennial.
Goldstein, S., Brooks, R., & Weiss, S. (2004). *Angry children, worried parents: Seven steps to help families manage anger.* North Branch, MN: Specialty Press.
Goldstein, S., & Goldstein, M. (1992). *Hyperactivity: Why won't my child pay attention?* Salt Lake City, UT: Neurology, Learning, and Behavior Center.
Greene, R. (2005). *The explosive child* (3rd ed.). New York: HarperCollins.
Hallowell, E., & Ratey, J. (1994). *Driven to distraction: Recognizing and coping with attention deficit disorder from childhood through adult.* New York: Simon & Schuster.
Hartmann, T. (1996). *ADD success stories: A guide to fulfillment for families with attention deficit disorder.* Grass Valley, CA: Underwood Books.
Hartmann, T. (1996). *Attention deficit disorder: A different perception.* Grass Valley, CA: Underwood Books.
Ingersoll, B. (1988). *Your hyperactive child.* New York: Doubleday.
Ingersoll, B., & Goldstein, M. (1993). *Attention deficit disorder and learning disabilities: Realities, myths, and controversial treatments.* New York: Doubleday.
Last, C. G. (2006). *Help your worried kids: How your child can conquer anxiety and fear.* New York: Guilford Press.
Lougy, R. A., DeRuvo, S., & Rosenthal, D. (2007). *Teaching young children with ADHD: Successful strategies and practical interventions for preK–3.* Thousand Oaks, CA: Corwin.
Lougy, R. A., & Rosenthal, D. K. (2002). *ADHD: A survival guide for parents and teachers.* Duarte, CA: Hope Press.
MacKenzie, R. (1993). *Setting limits: How to raise responsible independent children providing reasonable boundaries.* Rocklin, CA: Prima.
Miklowitz, D. J., & George, E. L. (2008). *The bipolar teen: What you can do to help your child and your family.* New York: Guilford Press.

資料2　教師のための推薦図書

Lougy, R. A., DeRuvo, S., & Rosenthal, D. (2007). *Teaching young children with ADHD: Successful strategies and practical interventions for preK–3.* Thousand Oaks, CA: Corwin.

Parker, H. C. (1991). *ADAPT: Attention deficit accommodations plan for teaching.* Plantation, FL: Specialty Press.

Parker, H. C. (1994). *ADD hyperactivity workbook for parents, teachers, and kids* (2nd ed.). Plantation, FL: Specialty Press.

Parker, H. (1999). *Put yourself in their shoes: Understanding teenagers with ADHD.* Plantation, FL: Specialty Press.

Phelan, T. (1996). *1, 2, 3, Magic: Effective discipline for children 2–12.* Glen Ellyn, IL: Child Management.

Quinn, P. (1995). *ADD and adolescents.* New York: Magination Press.

Quinn, P., & Stern, J. (1991). *Putting on the brakes: Young peoples' guide to understanding attention deficit hyperactive disorder.* New York: Magination Press.

Rief, S. F. (1993). *How to reach and teach ADD/ADHD children.* New York: Center for Applied Research and Education.

Rief, S. F. (2003). *The ADHD book of lists.* San Francisco: Jossey-Bass.

Rief, S. F., & Heimburge, J. (1996). *How to reach and teach all students in the inclusive classroom.* Paramus, NJ: Center for Applied Research in Education.

Schetter, P. (2004). *Learning the R.O.P.E.S. for improved executive function.* Woodland, CA: Autism and Behavior Training Associates.

Taylor, J. (1994). *Helping your hyperactive/attention deficit child.* Rocklin, CA: Prima.

邦訳文献
・Quinn, P.（1995）.
　クイン『ブレーキをかけよう2──ADHDとのつきあい方（中学・高校生編）』田中康雄・高山恵子（監修）白石かず子（訳）えじそんくらぶ／山洋社，2000
・Quinn, P. & Stern, J.（1991）.
　クイン＆スターン『ブレーキをかけよう1──ADHDとうまくつきあうために』田中康雄・高山恵子（訳）えじそんくらぶ，1999

を分類し，もっと有効に伝達するために使用可能なすぐに使える図解を集積。このサイトにより提供される無料で印刷可能な図解は，生徒が基礎となる重点や着想を掘り下げることを可能にすることで，鍵となる概念の理解を促進するよう意図されている。

●ヘルストーク　http://www2.healthtalk.com/go/adhd　教師と親のためのウェブサイト（ビデオ，親からの質問とADHDに関する専門家や親による報告を含む）。

●中心となる介入　http://www.intervention-central.org　教師のための助言と教育上の介入を視野に入れたウェブサイト（教師向けツール，サイトの話題，データ研修）。

●インスピレーション・キッズピレーション　http://www.inspiration.com　書字計画が必要な小学生から高校生までを支援する電子図解プログラム。書字過程における内容の展開を目指した自己研鑽，クラスター形成，概説，および視覚支援コンテンツ開発を提供。

●LD自慢（LdPride）　http://www.LdPride.net　学習能力障害を抱える個人に学習様式を含めた情報を提供する。

●学習障害協会　http://www.ldonline.org　教師，親，学習障害を抱える生徒にとって極めて有益な情報源。学び方が異なる（learning differences）個人を支援するための多くの記事とリンク先を搭載。

●アメリカ学習能力障害学会（LDA）　http://www.ldanatl.org　知覚，概念，統合の性情に障害を示す子どもの教育と福祉全般の向上を目指し。

●メンタルヘルプ・ネット　http://www.mentalhelp.net/poc/center_index.php?id=3ADHDについての掲示板（記事，資源）をユーザーに提供。

●全米精神疾患連合会（NAMI）　http://www.nami.org　支援グループと擁護（特に小児青年期活動センターに接続）を提供。

●全米特別支援教育担当教師協会（NASET）　http://www.naset.org　特別な支援を必要とする生徒と関わる特別支援教育担当教師と専門家のための多くの資源を提供。

●全米学習能力障害センター　http://www.ncld.org　親，擁護者，教師，学習障害を抱える個人向けの区分がある。最新の研究と早期介入モデルに関する効果について情報提供。

●国立精神保健研究所（NIMH）　http://www.nimh.nih.gov　アメリカ合衆国公衆衛生局の一部門で，若年の情緒，認知，行動上の疾患についての研究も行なっている。

●建設的行動介入および支援　http://www.pbis.org　アメリカ合衆国教育省，特殊教育プログラム事務局によって設置され，その目的は，有効な全校教化実践を識別・適用・維持するために，技量強化情報や技術支援を学校に提供。学校をあげての断固たる行動介入および支援が実行可能で有効となる情報を個々の生徒，学校，地域のレベルで提供。

●断固たる訓練　http://positivediscipline.com　ジェーン・ネルソン（教育学博士）による教育者のための断固たる訓練に関するウェブサイト。ネルソン女史の断固たる訓練についてのワークショップ，論文とビデオについての情報を提供。

●お願い，読んで　http://www.readplease.com　テキストを音声に変換する無料ソフトウェアを提供。生徒がコンピューター・スクリーン上でテキストをマークし，ウェブサイトの記事も含めて，音声化して生徒に伝える。

●ソーシャルストーリー　http://www.thegray-center.org　グレイセンター・ソーシャルストーリーは，ソーシャルストーリーによる曖昧でない行動を教育する原理を提供。

●LD教育　http://www.teachingld.org　特殊児童局学習能力障害部門により提供。学習能力障害を抱える生徒の教育についての信頼できる最新の資源を提供。さらに学習能力障害に関連する査定，指導法，方策についてのコンテンツ〔訳注：ウェブサイトなどで利用可能な情報〕も提供。

●計算タッチ　http://www.touchmath.com　タッチポイント（接点）教示過程を通じて筋運動感覚優位の学習者のニーズを満たす様式に富む数学プログラム。利用者の支持の高いこのプログラムは，長年にわたり流暢な計算を教えるための特殊教育プログラムで使われている。

●ウェブエムディーADDとADHD保健センター　http://www.webmd.com/add-adhd　ADHDに関する幅広い情報を提供する優れたウェブサイト。

資料1　親と教師に役に立つウェブサイト

- **アビリテーション（Abilitations）** http://www.abilitations.com　特別なニーズを必要とする個人にそれに応じた支援を供給することを主目的とする社団である。
- **アディテュード（ADDitude）** http://www.additudemag.com　ADHDや学習障害を抱える子どもと成人に資源，疾患，専門家による解答，ツール，書評，ポッドキャスト〔訳注：ラジオ番組やトークショーを提供しているウェブサイトから音声や動画のファイルをiPodなどの携帯音楽プレイヤーに取り込んで聴くことができる技術〕，ブログ，ニュースその他オンライン情報を提供する目的で作られた消費者に的を絞ったウェブサイト。
- **アルファ・スマート（Alpha Smart）** http://www.alphasmart.com　書字が苦手な生徒のニーズに応えるキーボード入力装置である。このキーボードにより，コンピュータやノート型パソコンを購入しなくても，生徒各人に入力作業に取り組む機会が得られる。アルファ・スマートで行なわれた作業はすべて，教室のコンピュータ無線で送信され，印刷や編集ができる。
- **こころ色々（All Kinds of Minds）** http://www.allkindsofminds.org　学習障害を支援するオンライン・ニューズレターを提供。学習障害を抱える生徒の特徴についての豊富な情報源。
- **全米児童青年期精神医学会（AACAP）** http://www.aacap.org　ADHDを抱える子どもに併存する精神疾患を網羅した豊富な資源。
- **全米小児科学会（American Academy of Pediatrics：AAP）** http://www.aap.org　小児期の様々な疾患についての情報を提供。
- **注意欠如障害学会（ADDA）** http://www.add.org　ADHDに関連するテーマを扱う適切な情報源。専門家による支援団体を照会する資料も提供。
- **行動管理** http://www.disciplinehelp.com　教室と家庭での問題行動に対処するための訓練モデルを列挙。
- **子どもの躁うつニューズレター（Bipolar Child Newsletter）** http://www.bipolarchild.com　親と教育者に向け早発双極性障害とその治療薬の領域での新しい進展について掲載。無料で配布され，24,000名以上の親と専門家が定期購読。
- **疾病管理予防センター（CDC）──注意欠如・多動性障害部門** http://www.cdc.gov/ncbddd/adhd　健康福祉サービス局の主要な活動部門の一つ。ADHDに関する最新情報を提供。
- **初期学習（Early Learning）の社会・情緒基盤に関する施設** http://www.vanderbilt.edu/csefel　育児能力の強化および幼児の社会・情緒面での転帰（outcomes）の改善を目指したヘッド・スタート・プログラムを専門とする国立施設。訓練のための資料は，英語でもスペイン語でもダウンロードできる。
- **注意・多動障害の子どもと成人（CHADD）** http://www.chadd.org　教育・擁護・支援によりADHD当事者の生活改善を図る。概況報告書，法律情報，調査研究，リンク先を含む。
- **素行障害** http://www.conductdisorders.com　反抗挑戦性障害（ODD），素行障害（CD）とADHDについての資源と情報を提供する親のための掲示板。
- **特殊児童協議会** http://www.cec.sped.org　教育者と親のための国家資源。ウェブサイトは，教師，親，機能障害を抱える生徒に向けて論文やニュースだけでなく豊富な書籍のデータを格納。
- **特殊児童協議会幼児部門** http://www.dec-sped.org　出生時から8歳までの特別支援を必要とする子どもとその家族と取り組んだり，代理になったりする個人を擁護する。
- **イージー・エッセイ（Easy Essay）** http://www.easyessay.com　小学校高学年から大学生までの基本となる書字過程を補助するエッセイ構築電子ツールのオンライン版。文章プロンプト〔訳注：コンピュータが利用者に入力を促す記号〕と文章枠は，学生が多くの段落のあるまとまった作文を書くのを助ける。
- **青年向け支援** http://www.focusas.com　組織，本，在宅プログラム，その他多くのリンクと照会のための広報機関。養育様式や工夫だけでなく，行動問題などの青年期の課題を含めた多くの情報を提供。
- **さまざまな形の教育ニーズに応じた図解** http://www.teachervision.fen.com/grapWc-organizers/printable/6293.html　子どもが着想

Thurber, J. R., Heller, T. L., & Hinshaw, S. P. (2002). The social behaviors and peer expectations of girls with attention deficit hyperactivity disorder and comparison girls. *Journal of Clinical Child and Adolescent Psychology, 31*(4), 443–452.

Tilly, W. D. (2008). The evolution of school psychology to science based practice. In A. Thomas & J. Grimes (Eds.), *Best practices in school psychology V*. Bethesda, MD: National Association of School Psychologists.

Tomlinson, C. A. (2000, August). *Differentiation of instruction in the elementary grades.* Retrieved on July 25, 2006, from ERIC Clearinghouse on Elementary and Early Childhood Education at http://ceep.crc.uiuc.edu/eecearchive/digests/2000/tomlin00.pdf.

Tomlinson, C. A. (2001). *How to differentiate instruction in mixed ability classrooms.* Alexandria, VA: Association for Supervision and Curriculum Development.

Toren, P., Eldar, S., Sela, B. A., Wolmer, L., Weitz, R., Inbar, D., et al. (1996). Zinc deficiency in attention-deficit hyperactivity disorder. *Biological Psychiatry, 40*(12), 1308–1310.

Vaughan, B. S., & Kratochvil, C. J. (2006). Pharmacotherapy of ADHD in young children. *Psychiatry, 3*(8), 36–45.

Vygotsky, L. (1978). *Mind and society: The development of higher mental processes.* Cambridge, MA: Harvard University Press.

Weiss, G., Hechtman, L., Milroy, T., & Periman, T. (1985). Psychiatric status of hyperactive adults: A controlled prospective 15-year follow-up in 63 hyperactive children. *Journal of the American Academy of Child Psychiatry, 24*(2), 211–220.

Wolf, L. E., & Wasserstein, J. (2001). Adult ADHD: Concluding thoughts. *Annals of the New York Academy of Science, 931*, 396–408.

Wolraich, M., Wilson, D. B., & White, J. W. (1995). The effect of sugar on behavior or cognition in children: A meta-analysis. *Journal of the American Medical Association, 274*, 1617–1621.

Zito, J. M., Safer, D. J., DosReis, S., Gardner, J. F., Boles, C., & Frances, L. (2000). Trends in the prescribing of psychotropic medications in preschoolers. *Journal of the American Medical Association, 283*(3), 1025–1030.

American Journal of Psychiatry, 158(7), 1067–1074.

Scahill, L., & Schwab-Stone, M. (2000). Epidemiology of ADHD in school-age children. *Child and Adolescent Psychiatry Clinics of North America, 9*, 541–555.

Schetter, P. (2004). *Learning the R.O.P.E.S. for improved executive function.* Woodland, CA: Autism and Behavior Training Associates.

Shaw, P. (2007). *Brain matures a few years late in ADHD, but follows normal pattern.* National Association of Special Education Teachers. Retrieved on November 13, 2007, from http://www.naset.org/807.0.html?&tx_ttnews[backPid]=533&tx_ttnews[tt_news]=2410&cHash=d3b1768475.

Shekim, W. O., Javid, J., Dans, J. M., & Bylund, D. B. (1983). Effects of D- amphetamine on urinary metabolites on dopamine and norepinephrine in hyperactive children. *Biological Psychiatry, 18*, 707–714.

Short, E. J., Manos, M. J., Findling, R. L., & Schubel, E. A. (2004). A prospective study of stimulant response in preschool children: Insights from ROC analyses. *Journal of the American Academy of Child and Adolescent Psychiatry, 43*(3), 251–259.

Silver, L. (1992). *Attention deficit hyperactivity disorder: A clinical guide to diagnosis and treatment.* Washington, DC: American Psychiatric Press.

Smutney, J. F., & von Fremd, S. E. (2004). *Differentiating for the young child: Teaching strategies across the content areas (K–3).* Thousand Oaks, CA: Corwin.

Spencer, T., Biederman, J., Harding, M., O'Donnell, D., Faraone, S., & Wilens, T. (1996). Growth deficits in ADHD children revisited: Evidence for disorder-associated growth delays? *Journal of American Academy of Child and Adolescent Psychiatry, 35*, 1460–1469.

Spencer, T. (2003). *Group CS: Long-term once-daily OROS® methylphenidate treatment for ADHD: Evaluating effect on growth.* Program and abstracts of the Annual Meeting of the American Psychiatric Association. San Francisco, California.

Stein, M. A., Efron, L. A., Schiff, W. B., & Glanzman, M. (2002). Attention deficit and hyperactivity disorders. In M. L. Batshaw, *Children with disabilities* (5th ed.). Baltimore: Paul Brookes

Stevens, L. J., Zentall, S. S., Deck, J. L., Abate, M. L., Watkins, B. A., Lipp, S. R., et al. (1995). Essential fatty acid metabolism in boys with attention-deficit hyperactivity disorder. *American Journal of Clinical Nutrition, 62*(4), 761–768.

Sugai, G., Horner, R. H., Dunlap, G., Hieneman, M., Lewis, T. J., Nelson, C. M., et al. (2000). Applying positive behavior support and functional behavioral assessment in schools. *Journal of Positive Behavior Interventions, 2*(3), 131–143.

Sutherland, K., Alder, N., & Gunter, P. (2003). The effect of varying rates of OTR on the classroom behavior of students with EBD. *Journal of Emotional and Behavioral Disorders, 11*(4), 239–248.

Swanson, H. L., & Beebe-Frankenberger, M. (2004). The relationship between working memory and mathematical problem solving in children at risk and not at risk for serious math difficulties. *Journal of Educational Psychology, 96*(3), 471–491.

Taylor, J. (1994). *Helping your hyperactive attention deficit child.* Rocklin, CA: Prima.

Taylor, J. (2001). *From defiance to cooperation: Real solutions for transforming the angry, defiant, discouraged child.* New York: Three Rivers.

Taylor, J. (2006). *The survival guide for kids with ADD or ADHD.* Minneapolis, MN: Free Press.

Teeter, P. A. (1998). *Interventions for ADHD: Treatment in developmental context.* New York: Guilford Press.

macokinetics of osmotic controlled-release methylphenidate HCl in healthy subjects. *Biopharmaceuticals and Drug Disposition, 21*(1), 23–31.

Morrison, G. M., Walker, D., Wakefield, P., & Solberg, S. (1994). Teacher preferences for collaborative relationships: Relationship to efficacy for teaching in prevention-related domains. *Psychology in the Schools, 31*, 221–231.

Mousain-Bosc, M., Roche, M., Polge, A., Pradal-Prat, D., Rapin, J., & Bali, J. P. (2006). Improvement of neurobehavioral disorders in children supplemented with magnesium-B6. I. Attention deficit hyperactivity disorders. *Magnesium Research, 19*(1), 46–52.

Mulrine, C. F., Prater, M. A., & Jenkins, A, (2008). The active classroom: Supporting students with attention deficit hyperactivity disorder through exercise. *Teaching Exceptional Children, 40*(5), 16–22.

Nadeau, K. G., Littman, E. B., & Quinn, P. O. (1999). *Understanding girls with ADHD.* Silver Springs, MD: Advantage Books.

Nakamura, R. (2002, September 26). *Testimony before the Committee of Government Reform.* U.S. House of Representatives OLPA Hearings, 107th Congress.

Pastor, P. N., & Reuben, C. A. (2002). Attention deficit disorder and learning disabilities: United States. *Vital and Health Statistics, 10*(206), 1–12.

Pelham, W. E., McBurnett, K., Harper, G. W., Milich, R., Murphy, D. A., Clinton, J., et al. (1990). Methylphenidate and baseball playing in ADHD children: Who's on first? *Journal of Consulting and Clinical Psychology, 58*(1), 130–133.

Phelan, T. W. (1996). *All about attention deficit disorder: Symptoms, diagnosis and treatment: Children and adults.* Glen Ellyn, Illinois: Child Management.

Platt, A. (2006). *ADHD and math disabilities: Cognitive similarities and instructional interventions.* Retrieved on July 17, 2008, from http://research.aboutkidshealth.ca/teachadhd/resources/ADHD_and_Math_Disabilities.pdf.

Rappley, M. D., Mullan, P. B., Alvarez, F. J., Eneli, I. U., Wang, J., & Gardiner, J. C. (1999). Diagnosis of attention-deficit/hyperactivity disorder and use of psychotropic medication in very young children. *Archives of Pediatrics and Adolescent Medicine, 153*, 1039–1045.

Rehabilitation Act, Section 504, 34, C.F.R. § 104.33 (1973).

Reid, J. R., Reimberr, F. W., Marchant, B. K., Faraone, S. V., Adler, L. A., & West, S. A. (2008, February). Gender differences in 2 clinical trials of adults with attention-deficit/hyperactivity disorders: A retrospective data analysis. *Journal of Clinical Psychiatry, 69*(2), 213–221.

Richardson, A. J., & Ross, M. A. (2000). Fatty acid metabolism in neurodevelopmental disorder: A new perspective on associations between attention-deficit/hyperactivity disorder, dyslexia, dyspraxia, and the autistic spectrum. *Prostaglandins Leukot Essent Fatty Acids, 63*(1–2), 1–9.

Robin, A. L. (1998). *ADHD in adolescents: Diagnosis and treatment.* New York: Guilford Press.

Rucklidge, J. J., Brown, D. L., Crawford, S., & Kaplan, B. J. (2006). Retrospective reports of childhood trauma in adults with ADHD. *Journal of Attention Disorders, 9*(4), 631–641.

Rutherford, P. (2002). *Why didn't I learn this in college?* Alexandria, VA: Just ASK.

Sadiq, A. J. (2007, September). Attention-deficit/hyperactivity disorder and integrative approaches. *Psychiatric Annuals, 37*(9), 630–638.

Scahill, L., Chappell, P. B., Young, S. K., Schultz, R. T., Katosovich, L., Shepherd, E., et al. (2001, July). A placebo-controlled study of Guanfacine in the treatment of children with tic disorders and attention deficit hyperactivity disorder.

Lavoie, R. (1996). *Learning disabilities and discipline with Richard Lavoie: When chips are down . . . strategies for improving children's behavior: A program guide.* Washington, DC: Learning Disabilities Project at WETA.

Lavoie, R. (2005). *It's so much work to be your friend: Helping the child with learning disabilities find social success.* New York: Touchstone Press.

Layey, B. B., Pelham, W. E., Stein, M. A., Loney, J., Trapani, C., Nugent, K., et al. (1998). Validity of DSM-IV attention-deficit/hyperactivity disorder for younger children. *Journal of the American Academy of Child and Adolescent Psychiatry, 37*(7), 695–702.

ldonline.org. (n.d.). ADHD basics: *Other disorders that sometimes accompany ADHD.* Retrieved October 21, 2008, from http://www.ldonline.org/adhdbasics/other.

Levine, M. (1993). *Developmental variation and learning disorders.* Cambridge, MA: Educator's.

Levine, M. (2002). *A mind at a time.* New York: Simon & Schuster.

Lougy, R., DeRuvo, S., & Rosenthal, D. (2007). *Teaching young children with ADHD: Successful strategies and practical interventions for preK–3.* Thousand Oaks, CA: Corwin.

Lougy, R., & Rosenthal, D. K. (2002). *ADHD: A survival guide for parents and teachers.* Duarte, CA: Hope Press.

Lyon, M. R., Cline, J. C., Totosy de Zepetnek, J., Shan, J. J., Pang, P., & Benishin, C. (2001). Effect of the herbal extract combination Panax quinquefolium and gingko biloba on attention deficit hyperactivity disorder: A pilot study. *Journal of Psychiatry Neuroscience, 26*(3), 221–228.

Mariani, M., & Barkley, R. A. (1997). Neuropsychological and academic functioning in preschool children with attention-deficit hyperactivity disorder. *Developmental Neuropsychology, 13*, 111–129.

Mayes, S. D., & Calhoun, S. L. (2006). Frequency of reading, math and writing disabilities in children with clinical disorders. *Learning and Individual Differences, 16*(2), 145–157.

McCann, D., Barrett, A., Cooper, A., Crumpler, D., Dalen, L., Grimshaw, K., et al. (2007). Food additives and hyperactive behavior in 3-year-old and 8/9-year-old children in the community: A randomized, double-blinded, placebo-controlled trial. *Lancet, 370*(9598), 1560–1567.

Meltzer, L. (Ed.). (2007). *Executive function in education: From theory to practice.* New York: Guilford Press.

Meltzer, L., & Krishnan, K., (2007). Executive function difficulties and learning disabilities: Understandings and misunderstandings. In L. Meltzer (Ed.), *Executive function in education: From theory to practice.* New York: Guilford Press.

Michigan ranks third in nation in prescribing Ritalin: Some say schools turn to medication to control students. Ritalin's routine use raises alarm over diagnosis, goals. Use of Ritalin in schools nearly out of control. (1998, March 8). *Detroit News.*

Millstein, R. B., Wilens, T. E., Biederman, J., & Spencer, T. J. (1997). Presenting ADHD symptoms and subtypes in clinically referred adults with ADHD. *Journal of Attention Disorders, 2*(3), 159–166.

Minde, K. (1998). The use of psychotropic medication in preschoolers: Some recent developments. *Canadian Journal of Psychiatry, 43*, 571–575.

Mitchell, E. A., Aman, M. G., Turbott, S. H., & Manku, M. (1987). Clinical characteristics and serum essential fatty acid levels in hyperactive children. *Clinical Pediatrics, 26*(8), 406–411.

Modi, N. B., Wang, B., Hu, W. T., & Gupta, S. K. (2000). Effect of food on the phar-

guide for practitioners. New York: John Wiley & Sons.

Good T., & Grouws, D. (1977). Teaching effects: A process-product study in fourth grade mathematics classrooms. *Journal of Teacher Education, 28*(3), 49–54.

Gray Center of Social Learning and Understanding. (2006). *What are social stories?* Retrieved on November 1, 2006, from http://www.thegraycenter.org/store/index.cfm?fuseaction=page.display&page_id=30.

Greenhill, L., Kollins, S., Abikoff, H., McCracken, J., Riddle, M., Swanson, J. (2006). Efficacy and safety of immediate-release methylphenidate treatment for preschoolers with ADHD. *Journal of the American Academy of Child and Adolescent Psychiatry, 45*(11), 1284–1293.

Gregory, G. H., & Chapman, C. (2007). *Differentiated instruction strategies: One size doesn't fit all* (2nd ed.). Thousand Oaks, CA: Corwin.

Hawken, L., & Horner, R. (2003). Evaluation of a targeted group intervention within a schoolwide system of behavior support. *Journal of Behavioral Education, 12*, 225–240.

Hechtman, L. (1996). Families of children with attention deficit hyperactivity disorder: A review. *Canadian Journal of Psychiatry, 41*(6), 350–360.

Hoagwood, K., Jensen, P. S., Feil, M., Benedetto, V., & Bhatara, V. S. (2000, October). Medication management of stimulants in pediatric practice settings: A national perspective. *Journal of Developmental and Behavioral Pediatrics, 21*(5), 322–331.

Hooper, S. R., & Umansky, W. (2004). *Young children with special needs*. Upper Saddle River, NJ: Pearson Education.

Horner, R. H. (2007). *Discipline prevention data*. Eugene, OR: OSEP Center on Positive Behavioral Interventions and Supports, University of Oregon.

Horrobin, D. F., Glen, A. I., & Hudson, C. J. (1995). Possible relevance of phospholipid abnormalities and genetic interactions in psychiatric disorders: The relationship between dyslexia and schizophrenia. *Medical Hypotheses, 45*(6), 605–613.

Hughes, J., & DeForest, P. (1993). Consultant directiveness and support as predictors of consultation outcomes. *Journal of School Psychology, 31*(3), 355–373.

Hughes, J., Grossman, P., & Barker, D. (1990). Teacher expectancies, participation in consultation, and perceptions of consultant helpfulness. *School Psychology Quarterly, 5*, 167–179.

Hunt, R. D., Armsten, A. F., & Asbell, M. D. (1995). An open trial of Guanfacine in the treatment of attention-deficit hyperactivity disorder. *Journal of the American Academy of Child and Adolescent Psychiatry, 34*(1), 50–54.

Individuals With Disabilities Education Improvement Act of 2004, 20 U.S.C § 1400 (2004).

Kampwirth, T. J. (2006). *Collaborative consultation in the schools: Effective practices for students with learning and behavior problems*. New Jersey: Pearson.

Kelleher, K. J., McInerny, T. K., Gardner, W. P., Childs, G., & Wasserman, R. C. (2000, June). Increasing identification of psychosocial problems: 1979–1996. *Pediatrics, 105*(6), 1313–1321.

Konofal, E., Cortese, S., Lecendreux, M., Arnulf, I., & Mouren, M. C. (2005). Effectiveness of iron supplementation in a young child with attention-deficit/hyperactivity disorder. *Pediatrics, 116*(5), e732–e734.

Kozielec, T., & Starobrat-Hermelin B. (1997). Assessment of magnesium levels in children with attention deficit hyperactivity disorder (ADHD). *Magnesium Research, 10*(2), 143–148.

Denckla, M. B. (2007). Executive function: Binding together the definitions of attention-deficit/hyperactivity disorder and learning disabilities. In L. Meltzer (Ed.), *Executive function in education: From theory to practice*. New York: Guilford Press.

Denham, S. A. (1998). *Emotional development in young children*. New York: Guilford Press.

Diener, M. B., & Milich, R. (1997). Effects of positive feedback on the social interactions of boys with attention deficit hyperactivity disorder: A test of self-protective hypothesis. *Journal of Clinical Child Psychology, 26*(3), 256–265.

Doyle, A. E. (2006). Executive functions in attention-deficit/hyperactivity disorder. *Journal of Clinical Psychiatry, 67*(8), 21–26.

Dreikers, R. (1964). *Children: The challenge*. New York: Hawthorn Books.

Dunn, R., & Dunn, K. (1978). *Teaching students through their individual learning styles: A practical approach*. Reston, VA: Reston.

Egger, J., Stella, A., & McEwen, L. (1992). Controlled trial of hyposensitification with food-induced hyperkinetic syndrome. *Lancet, 334*, 1150–1153.

Endo, T., Sugiyama, T., & Someya, T. (2006). Attention-deficit/hyperactivity disorder and dissociative disorder among abused children. *Psychiatry and Clinical Neuroscience, 60*(4), 434–438.

Erhardt, D., & Hinshaw, S. P. (1994). Initial sociometric impressions of attention-deficit hyperactivity disorder and comparison boys: Predictions from social behaviors and from nonbehavioral variables. *Journal of Consulting and Clinical Psychology, 62*(4), 833–842.

Fairbanks, S., Simonsen, B., & Sugai, G, (2008). Classwide secondary and tertiary tier practices and systems. *Teaching Exceptional Children, 40*(6), 44–52.

Faraone, S. V., Biederman, J., Spencer, T., Mick, E., Murray, K., Petty, C., et al. (2006). Diagnosing adult attention deficit hyperactivity disorder: Are late onset and subthreshold diagnoses valid? *American Journal of Psychiatry, 163*(10), 1720–1729.

Findling, R. L., Arnold, E., Greenhill, L. L., Kratochvil, C. J., & McGough, J. J. (2007). Commentary: Diagnosing and managing complicated ADHD. *Journal of Clinical Psychiatry, 68*, 1963–1969.

Fink-Chorzempka, B., Graham, S., Harris, K. R.(2005). What can I do to help young children who struggle with writing? *Teaching Exceptional Children, 37*(5), 64–66.

Firestone, P., Musten, L. M., Pisterman, S., Mercer, J., & Bennett, S. (1998). Short-term side effects of stimulant medication are increased in preschool children with attention-deficit hyperactivity disorder: A double-blind placebo-controlled study. *Journal of Child and Adolescent Psychopharmacology, 8*, 13–25.

Friend, M., & Cook, L. (2003). *Interactions: Collaboration skills for school professionals* (4th ed.). Boston: Allyn & Bacon.

Garber, S. W., Garber, M. D., & Spizman, R. F. (1996). *Beyond Ritalin: Facts about medication and other strategies for helping children, adolescents, and adults with attention deficit disorders*. New York: Harper Perennial.

Gardner, H. (1993). *Frames of mind: The theory of multiple intelligences* (10th ed.). New York: Basic Books.

Goldman, L. S., Genel, M., Bezman, R. J., & Slanetz, P. J. (1998). Diagnosis and treatment of attention-deficit/hyperactivity disorder in children and adolescents. *Journal of the American Medical Association, 279*(14), 1100–1107.

Goldstein, S., & Goldstein, M. (1990). *Managing attention disorders in children: A

Biederman, J., Faraone, S. V., Spencer, J. J., Mick, E. Monuteaux, M. C., & Aleardi, M. (2006). Functional impairments in adults with self-reports of diagnosed ADHD: A controlled study of 1001 adults in the community. *Journal of Clinical Psychiatry, 67*(4), 524–540.

Biederman, J., Mick, E., & Faraone, S. V. (2000). Age-dependent decline of symptoms of attention deficit hyperactivity disorder: Impact of remission definition and symptom type. *American Journal of Psychiatry, 157*(5), 816–818.

Biederman, J., Petty, C. R., Fried, R., Kaiser, R., Dolan C. R., Schoenfeld, S., et al. (2008). Educational and occupational underattainment in adults with attention-deficit/hyperactivity disorder: A controlled study. *Journal of Clinical Psychiatry, 69*(8), 1217–1222.

Biederman, J., Seidman, L. J., Petty, C. R., Fried, R., Doyle, A. E., Cohen, D. R., et al. (2008). Effects of stimulant medication on neuropsychological functioning in young adults with attention-deficit hyperactivity disorder. *Journal of Clinical Psychiatry, 69*(7), 1150–1156.

Biederman, J., Spencer, T., & Faraone, S. (2003). *Extended-release mixed amphetamine salts in ADHD: Growth parameters analysis.* Program and abstracts of the Annual Meeting of the American Psychiatric Association. San Francisco, California.

Blackman, J. A. (1999). Attention-deficit/hyperactivity disorder in preschoolers: Does it exist and should we treat it? *Pediatric Clinics of North America, 46,* 1011–1025.

Bloomquist, M. L. (1996). *Skills training for children with behavior disorders: A parent and therapist handbook.* New York: Guilford Press.

Breggin, P. R. (1998). *Talking back to Ritalin: What doctors aren't telling you about stimulants for children.* Monroe, ME: Common Courage Press.

Brown, T. E. (2008, February). Executive functions: Describing six aspects of a complex syndrome. *Attention, 15*(1), 12–17.

Bukstein, O. G. (2006). Current opinions and new developments in the pharmacology treatment of ADHD. *Remedica, 1*(1), 8–15.

Burgess, J. R. (1998, September 2–3). *Attention deficit hyperactivity disorder: Observational and interventional studies.* Paper presented at the National Institutes of Health Workshop on Omega-3 Essential Fatty Acids and Psychiatric Disorders, Bethesda, MD.

Chappell, P. B., Phillip, B., Riddle, M. A., Scahill, L., Lynch, A., Schults, R., et al. (1995, September). Guanfacine treatment of comorbid attention-deficit hyperactivity disorder and Tourette's syndrome: Preliminary clinical experience. *Journal of American Academy of Child and Adolescent Psychiatry, 34,* 1140–1146.

Colquhoun, I., & Bunday, S. (1981). A lack of essential fatty acids as a possible cause of hyperactivity in children. *Medical Hypothesis, 7,* 673–679.

Comings, D. E. (2001). *Tourette syndrome and human behavior* (2nd ed.). Duarte, CA: Hope Press.

Comings, D. E. (2008). *Did man create God? Is your spiritual brain at peace with your thinking brain?* Duarte, CA: Hope Press.

Conners, C. K., Casat, C. D., Gualtieri, C. T., & Weller, E. M. (1996). Bupropion hydrochloride in attention deficit disorder with hyperactivity. *Journal of the American Academy of Child and Adolescent Psychiatry, 35,* 1314–1321.

Conroy, M., Sutherland, K., Snyder, A., & Marsh, S. (2008). Classwide interventions: Effective instruction makes a difference. *Teaching Exceptional Children, 40*(6), 24–30.

Current ADHD insights: A summary of recent presentations on ADHD. (2004, February). Hasbrouck Heights, NJ: MedLearning.

参考文献

Alexander-Roberts, C. (1995). *A parent's guide to making it through the tough years: ADHD and teens: Proven techniques for handling emotional, academic, and behavioral problems.* Dallas, TX: Taylor.

American Psychiatric Association. (2000). *Diagnostic and statistical manual of mental disorders* (Revised 4th ed.). Washington, DC: Author.

Anastopoulos, A. D., & Shelton, T. L. (2001). *Assessing attention-deficit/hyperactivity disorder.* New York: Kluwer Academic.

Armstrong, T. (1995). *The myth of the ADHD child.* New York: Dutton Press.

Arnold, L. E., Bozzolo, H., Hollway, J., Cook, A., DiSilvestro, R., Bozzolo, D., et al. (2005). Serum zinc correlates with parent and teacher rated inattention in children with attention-deficit/hyperactivity disorder. *Journal of Child and Adolescent Psychopharmacology, 15*(4), 628–636.

Arnsten, A. F., Steere, J. C., & Hunt, R. D. (1996). The contribution of alpha2-noradrenergic mechanisms of prefrontal cortical cognitive function: Potential significance for attention-deficit hyperactivity disorder. *Archives of General Psychiatry, 53,* 448–455.

Auiler, J. F., Liu, K., Lynch, J. M., & Gelotte, C. K. (2002). Effect of food on early drug exposure from extended-release stimulants: Results from the Concerta® (A), Adderall XRa, food evaluation (CAFA%) study. *Current Medical Research Opinion, 18,* 311–316.

Barkley, R. A. (1990). *Attention-deficit hyperactivity disorder: A handbook for diagnosis and treatment.* New York: Guilford Press.

Barkley, R. A. (1995). *Taking charge of ADHD: The complete authoritative guide for parents.* New York: Guilford Press.

Barkley, R. A. (1997). *ADHD and the nature of self-control.* New York: Guilford Press.

Barkley, R. A. (2000). *Taking charge of ADHD: The complete authoritative guide for parents* (Rev. ed.). New York: Guilford Press.

Barkley, R. A., Fischer, M., Edebrook, C. S., & Smallish, L. (1990). The adolescent outcome of hyperactive children diagnosed by research criteria: I. An 8-year prospective follow-up study. *Journal of American Academy of Child and Adolescent Psychiatry, 29,* 546–557.

Barkley, R. A., & Robin, A. L. (2008). *Your defiant teen: 10 steps to resolve conflict and rebuild your relationship.* New York: Guilford Press.

Batsche, G., Elliot, J., Graden, J. L., Grimes, J., Kovaleski, J. E., Prasse, D., et al. (2005). *Response to intervention: Policy considerations and implementation.* Washington, DC: National Association of State Directors of Special Education.

Batshaw, M. (2002). *Children with disabilities.* Baltimore: Brookes.

Biederman, J., Faraone, S. V., Keenan, K., Benjamin, J., Krifcher, B., Moore, C., et al. (1992). Further evidence for family-genetic risk factors in attention-deficit hyperactivity disorder: Patterns of comorbidity in probands and relatives of psychiatrically and pediatrically referred samples. *Archives of General Psychiatry, 49,* 728–738.

Biederman, J., Faraone, S. V., Monuteaux, M., Plunkett, E., Gifford, J., & Spencer, T. (2003). Growth deficits and ADHD revisited: Impact of gender, development, and treatment. *Pediatrics, 111,* 1010-1016.

リバウンド効果（rebound effect） 100
理論（theory） 2

ロボット–縫いぐるみ技法 72

短期記憶　51
秩序を乱す振る舞い　64, 87
秩序を乱す問題行動　67
チーム・アプローチ　68
注意散漫　70, 86, 87, 89
注意の持続　9
注意の焦点づけ　9
注意の選択　9
注意の分割（divided attention）　9
注意（の）保持　49, 51, 54
中核症状　3
中学生　75, 87, 88
中枢刺激薬　42, 92
中枢性聴覚情報処理　29
中断することの重要性　52
中立の立場　34
聴覚優位　56, 57
長期記憶　58
沈黙　69
DSM（精神疾患の診断と統計の手引き）　4, 5, 11, 70
テイク・ファイブ　73
ディスコシット　85
低ドパミン作動性障害　8
テネックス　97
転導　5, 9
転導性の消失　99
統合失調症　103, 104, 105
トゥレット症候群　89
特異性学習能力障害
　（specific learning disability）　45
特異性計算障害　52
読字困難　51
ドパミン活性の減少　8
努力の維持困難　10

ナ行
内的な統制の所在（locus of control）　71
7歳以前の発症　5
二次介入　67
忍容性　94
脳皮質前頭前野　8

ハ行
配慮（accomodation）　25, 30, 47
破壊を伴う振る舞い　91
反抗挑戦性障害（ODD）　6, 12, 29, 81, 83, 104, 110
反社会性行動　8
晩発性ADHD　5
非言語作業記憶　18
微細運動　19
微細運動技能　48, 49
不安障害　6
不完全寛解ADHD　5
副作用　70, 75, 92, 97, 99
腹痛　100
不注意　5, 7, 9
物質濫用　8, 12, 103
不眠　100
プラセボ　94
プランニング　16, 42
ブレイン・ストーミング（brainstorming）　49, 55
プロザック　109
米国精神医学会（APA）　2
併存疾患　75
併存症　5, 6, 8
ホワイトノイズ　57, 79

マ行
緑色、黄色、赤色カード　71
虫食い（holes）　51
メタンフェタミン　96
メチルフェニデート　95, 96
目と手の協応　13
問題の解決法を共有　58

ヤ行
薬剤の作用機序　98
薬剤の作用持続時間　98
薬物依存　102
薬物治療　92
薬物濫用のリスク　103
薬物療法　93, 94
優先傾向（preferences）　27
優先順位　20

ラ行
有病率　13
理屈（theory）　2
理屈っぽい振る舞い　81
リタリン　92, 107
立腹　91

広汎性発達障害　104
公平（equal）　25, 30, 36
公民権保護　115
個別教育プログラム（IEP）　28, 43, 44, 45
コンサータ　96, 103

サ行

最近接領域　46
再構成　19
細分化された授業　37, 40
作業記憶　16, 22, 52
三環系抗うつ薬　97
三次介入　67
３・２・１カード　73
視覚運動機能の問題　29
視覚喚起　87
視覚教材　57
視覚支援　57
視覚優位　55, 58
視覚優位の学習者　57
時間管理　55, 58, 71, 87
刺激薬　94-106
試験への取り組み　54
自己観察　23
自己監視（self-monitoring）　77
自己管理技能　67
自己制御　22, 23
自己制御活動　69
自己調整　18
自己点検　55, 67
自然療法薬（natural remedies）　107, 109
自尊心　10, 12
自尊心ワーク　32
実行機能　6, 8, 14, 15, 16, 17, 23, 48, 49, 52, 54, 59
実地体験の機会　57
質問の繰り返し　11
至適用量　75, 96
自動制御と実行システム　19
嗜癖　8
社会技能　22
自由時間　86, 87
授業中の音声による混乱　89
授業妨害　87
障害者教育法（IDEA）　42
称賛　82, 84, 87
症状評定尺度　32

衝動性　5, 12, 87, 94
衝動制御　30
衝動の統制　70
情動不安　11
食思不振　99, 104
食品添加物　109
書字　48
触覚・筋運動感覚優位　56
処理速度　21
新奇なものへの偏った注意　10
診断基準　3
診断の伝え方　32
信頼　26
信頼関係　69
遂行中枢　8
スカベンジャーハント（scavenger hunt）　58
スクールカウンセラーの役割　46
ストラテラ　96, 101
性差　6
正の強化　84
説明責任　28, 46, 47
セルフトーク　72, 73, 76, 77, 78, 79, 80
全米外来医療調査　6
全米子ども保健調査　6
早期介入　42
早期診断　8
早期治療　8
早期発症型のうつ病　29
双極性障害　12, 104, 105, 110
即時の強化　80
素行障害　6
組織化　42
ソーシャル・ストーリー　71
ソーシャル・スキル・トレーニング（SST）　27

タ行

退屈　10, 52, 57
第504条計画　44
耐性（tolerance）　94
体制化　49, 52, 54, 62
体制化技能　6, 58, 59
タイムアウト　35, 79, 80
多重知能（multiple intelligences）　55
多動　5, 11
誰の責任でもないという考え　32

事項索引

ア行
アトモキセチン　96, 101
アルファ・スマート　49
怒りの管理　68, 69
怒りの制御　71
異種起源性（heterogeneous）　8
依存性　102
委託（trust）　26
遺伝　9
遺伝危険因子　8
ウェルブトリン　97
うつ病　6, 12
運動感覚優位　58
運動性チック　100
SSRI　109
ADHD 行動　4
ADHD の徴候　4
　混合型（ADHD-C）　5
　多動・衝動性優勢型（ADHD-HI）　5, 6, 13
　特定不能型（ADHD-NOS）　5
　不注意優勢型（ADHD-I）　5, 6
ADHD の有病率　5, 6, 13
ADHD 有病率　7
音声チック　89

カ行
介入　71
介入への対応（RTI）　42
概念地図（graphic organizer）　19, 49-52, 55, 59
会話が止まらない　11
学業戦略　47
学業不振　6
学習困難　29
学習障害　6, 8, 45
学習スタイル　55
学習性無力感（learned helplessness）　89
学習能力障害（learning disabilities）　42, 43, 46, 51, 106, 110
確認と点検（Check In, Check Out）　67

過剰投与　98
家族研究　8
カタプレス　97
活動一覧表　86
過敏性（hyperreactivity）　110
環境介入　94
環境要因　4
観察　22
感情を自己監視　72
規則を守らない行動　84
期待　27
気分障害　6, 8, 107
気持ちを汲み取れる教師　36
休憩や中断　77
教育戦略（instructional strategy）　47
強化子　71, 77
教師の期待　4
協調運動　19
協働モデル　27, 28
拒薬　70
筋肉緊張・緩和アプローチ　72
具体的思考（concrete thinking）　51
口を閉じる　72
軽症頭痛　100
言語の内面化　18
高機能自閉症　59
高校生　75, 87, 88
公正（fair）　25, 30, 36
構造化　67
構造化された支援　18
構造化されていない時間帯　86
行動化　4
行動介入　71
行動介入計画（BIP）　43, 63
行動規制　4
行動教育プログラム（BEP）　67
行動支援（SWPBS）　66
行動支援計画（BSP）　43
行動変容　71
行動抑制　17

人名索引

ア行
アナストポウロス（Anastopoulos, A. D.） 2
アマンスキー（Umansky, W.） 18
アームストロング（Armstrong, T.） 2
ヴィゴツキー（Vygotsky, L.） 46

カ行
ガードナー，ハワード（Gardner, H.） 55
ガードナー（Gardner, W. P.） 6
カミング（Comings, D. E.） 2
カンプワース（Kampwirth, T. J.） 27
グッド（Good, T.） 81
グロウ（Grouws, D.） 81
ケレハー（Kelleher, K. J.） 6
ゴールドスタイン，マイケル（Goldstein, M.） 9
ゴールドスタイン，サム（Goldstein, S.） 9

サ行
シェッター（Schetter, P.） 59
シェルトン（Shelton, T. L.） 2

タ行
ダン，ケネス（Dunn, K.） 55
ダン，リタ（Dunn, R.） 55
チャイルズ（Childs, G.） 6
ティーター（Teeter, P. A.） 8, 37

テイラー（Taylor, J.） 84, 114
ドレイカーズ（Dreikers, R.） 113

ナ行
中村（Nakamura, R.） 92

ハ行
バークレー（Barkley, R. A.） 2, 16, 17, 19, 23, 82, 89, 114
フーパー（Hooper, S. R.） 18
ブラウン（Brown, T.） 16, 19, 20, 23
ブルームクエスト（Bloomquist, M. L.） 76, 77, 78, 79
ブレギン（Breggin, P.） 92

マ行
マッキナリー（McInerny, T. K.） 6
メルツァー（Meltzer, L.） 16, 23

ラ行
レヴァイン（Levine, M.） 14, 48
ローゼンタール（Rosenthal, D.） 93
ロビン（Robin, A. L.） 2, 7, 82

ワ行
ワッサーマン（Wasserman, R. C.） 6

原著者紹介

リチャード・A・ルージー（Richard A. Lougy）

ここ30年間、住居も職場も、中学校教師という経歴を開始した場所、カリフォルニア州サクラメントに置く。

その間、小学校でのスクールカウンセラーとして、後には学校サイコロジストとして、役割を果たした。2007年、退職を前に、北部カリフォルニアの大都市圏学区における、ヘッドスタート・プログラムおよび早期ヘッドスタート・プログラムのための精神保健業務を監督

〔訳注　ヘッド・スタート・プログラム（Head Start program）とは米連邦政府の育児支援施策の一つで、低所得家庭の5歳までの幼児や身体障害児を対象とした予防接種・健診・栄養・教育・対人サービスなどの多面的な支援を行なっている〕。

リチャードは、現在、早期ヘッドスタート・プログラムおよび大学区就学前・就学後治療プログラムのための精神保健コンサルタントに着任するだけではなく、ADHDとその関連疾患を専門に扱う個人開業を運営。

これまでの経歴全体を通じて、ADHDを抱える子どもとその家族を治療して改善させた件数は何千にも及ぶ。ADHDに関する2冊の著書 *ADHD: A Survival Guide for Parents and Teachers*（2002）と *Teaching Young Children With ADHD: Successful Strategies and Practical Interventions for PreK-3*（2007）を分担執筆しているほか、ADHDについての論文も多く、州および全米の学会でも、一定の間隔で報告書を提示。カリフォルニア州リンカンで妻リンダと起居を共にする。

シルヴィア・L・デルヴォ（Silvia L. DeRuvo）

学校・地区・州機関・国政策立案者と教育の調査・製品・プログラムの分野で連携を取る非営利機関である、ウエスト・エド（WestEd）の一員である特殊教育資源開発スペシャリスト。その主たる業務は、統合学級での中核をなす内容において障害をもつ学生のニーズを支援する、研究に準拠した効果を有する指導法について、学校および教師との連携をめざすこと。ウエスト・

Photo by Bill Mahon

エドへの着任前、シルヴィアは20年近く、カリフォルニア州立大学サクラメント校で初等特殊教育を担当し、教師の指導に当たる。

州での特殊教育を主導するだけでなく、授業の場数を踏むことで、ADHDやその他学習能力障害を抱える生徒のニーズを支援する特殊教育と有効包括実践で幅広い経験を積む。教育と介入実現に対する反応を調査する全米会議の議長で、*Teaching Young Children With ADHD: Successful Strategies and Practical Interventions for PreK-3*（ADHDを抱える生徒に向けた授業戦略に関する著書）を分担執筆、2007年に上梓。その後、ADHDを抱える中学生を支援するための指導法に関する著作（2009年刊行）も執筆。

シルヴィアはカリフォルニア州立大学フレズノ校から、コミュニケーション障害で文学修士号を授与され、複数の主題、コミュニケーション障害特殊教育専門家、資源スペシャリストなどの資格認定を保有。夫、子ども2人、イヌ、ネコ5匹と北部カリフォルニアに在住。

デイヴィッド・ローゼンタール医師（David Rosenthal, MD）

コロラド州ボールダーで個人開業を営む成人青年期および児童精神科医。その地で妻子と生活。デンバー大学大学院ではソーシャルワーク部門の非常勤教授で、精神薬理学の講義を担当。

デイヴィッドは、1986年にアイオワ大学医学部で学位を取得後、カルフォルニア大学デーヴィス校医療センターで、成人精神医学の研修期間を、更に児童・青年期精神医学特別研究員の訓練期間を完了。

長年にわたりカリフォルニア州において、さまざまな状況のもとで精神医学を実践し、ADHD、不安障害、気分障害を抱えた何千もの患者の治療に当たったのち、ADHDに関する2冊の著書、*ADHD: A Survival Guide for Parents and Teachers*（2007）と *Teaching Young Children With ADHD: Successful Strategies and Practical Interventions for PreK-3*（2007）を分担執筆。更に、ADHDに関する論文を作成し、州および全米会議において一定の間隔で口頭発表も。

訳者紹介

桐田 弘江（きりた ひろえ）
1967年　鹿児島県生まれ
1989年　広島大学学校教育学部卒業
1991年　広島大学大学院学校教育研究科修士課程修了
現　在　愛媛大学総合健康センター相談員，臨床心理士
共訳書　『アスペルガー症候群への解決指向アプローチ』2010，誠信書房，『子ども虐待の解決』2003，『解決のための面接技法』2004，共に金剛出版

石川 元（いしかわ げん）
1948年　名古屋市生まれ
1976年　東京慈恵会医科大学卒業
現　在　香川大学医学部附属病院子どもと家族・こころの診療部教授，精神科医
著訳書　『絵に見る子どもの発達』（共訳）誠信書房 1999，『こころの時限爆弾』岩波書店 1998，『アスペルガー症候群への解決指向アプローチ』（共訳）2010，『アスペルガー症候群歴史と現場から究める』（編著）至文堂 2007　他多数

R. A. ルージー，S. L. デルヴォ，D. ローゼンタール著
学校におけるADHD臨床
――現場で援助する実務家のための工夫

2012年9月10日　第1刷発行

訳　者　桐田　弘江
　　　　石川　元
発行者　柴田　敏樹
印刷者　田中　雅博
発行所　株式会社　誠信書房
〒112-0012　東京都文京区大塚3-20-6
電話 03 (3946) 5666
http://www.seishinshobo.co.jp/

創栄図書印刷　協栄製本
検印省略
Ⓒ Seishin Shobo, 2012

落丁・乱丁本はお取り替えいたします
無断で本書の一部または全部の複写・複製を禁じます
Printed in Japan
ISBN978-4-414-41451-6 C3011

自分でできる境界性パーソナリティ障害の治療
DSM-Ⅳに沿った生活の知恵

タミ・グリーン著
林 直樹監訳・解題

BPDと診断された人が自らの症状の軽減と効果的な治療を行うのを援助する。日常生活でどのように過ごすのがよいのか，症状の改善に役立つことは何かなど，つらい症状を緩和し，素晴らしい人生を手に入れるためのテクニックとアドバイスを豊富に示す。日本のBPD治療の第一人者による解題も収録。

主要目次
第Ⅰ部　自分でできる境界性パーソナリティ障害の治療
　【診断基準1】　見捨てられ不安
　【診断基準2】　不安定ではげしい人間関係
　【診断基準3】　不安定な自己イメージ
　【診断基準4】　自己を傷つける可能性のある衝動性
　【診断基準5】　自傷行為の繰り返し／他
第Ⅱ部　監訳者解題
　Ⅰ．境界性パーソナリティ障害(BPD)と現代
　Ⅱ．精神医学の見方／他

A5判並製　定価(本体1500円+税)

アスペルガー症候群への解決志向アプローチ
利用者の自己決定を援助する

E.V. ブリス・G. エドモンズ著
桐田弘江・石川 元訳

アスペルガー症候群への"変わり種だが使える"対処法を，セラピストとアスペルガー症候群当事者が共同で執筆したという，極めてユニークな書。症状や問題の病理や原因よりも利用者の望む結果を重視した治療法であり，問題点ではなく解決することに焦点を絞ることで当事者の負担を大幅に削減。更に，面接評価書や解決志向ワークブックも使用できる。

目　次
第1章　はじめに
第2章　解決志向アプローチ――理念と技法
第3章　自閉の特性と解決志向セラピー
第4章　すべてを繋げて考える
第5章　日常生活での解決志向アプローチ
第6章　七人の事例と親睦会
第7章　実践のための資料

A5判並製　定価(本体2800円+税)